郭金来 著

中国社会组织人才服务体系建设研究

RESEARCH ON THE CONSTRUCTION
OF TALENT SERVICE SYSTEM
FOR CHINA'S SOCIAL ORGANIZATION

社会科学文献出版社
SOCIAL SCIENCES ACADEMIC PRESS (CHINA)

前　　言

改革开放 40 年来，我国经济社会已经发生深刻的结构变化，社会组织已成为我国社会建设中一个具有代表性的不可忽视的力量系统，成为创新社会治理的重要主体之一。有数据显示，截至 2017 年 10 月初，全国依法登记的社会组织近 75.58 万个，其中社会团体 35.39 万个、社会服务机构 39.59 万个、基金会 6028 个，另外还有纳入城乡基层群众自治管理的社区社会组织 300 多万个。实践中，社会组织已经成为中国特色社会主义现代化建设的重要力量，其在促进经济发展、壮大慈善事业、促进脱贫攻坚、繁荣社会事业、化解社会矛盾、创新社会治理、扩大对外交往等方面都发挥了积极作用。

2017 年 10 月，习近平同志在党的十九大上明确指出，要加强社区治理体系建设，推动社会治理重心向基层下移，发挥社会组织作用，实现政府治理和社会调节、居民自治良性互动。可见，社会组织在提供社会公共服务、满足人民群众美好生活需要、创新社会治理、促进社会和谐方面能够发挥的作用越来越显著。不仅如此，"一带一路"倡议的推进对我国社会组织提出了更高的要求，也给社会组织参与国际事务和全球治理提供了千载难逢的发展机遇。激发社会组织活力、支持和鼓励社会组织更好地参与社会治理已成为国家治理体系和治理能力现代化的关键。

2018年3月，李克强同志在政府工作报告中对推进社会组织工作提出明确要求，要求促进社会组织健康发展。"为政之要，莫先于用人。"人才不仅是实现民族振兴、赢得国际竞争主动的战略资源，也是社会组织发展的第一要素。建立我国社会组织人才服务体系、保障社会组织人才队伍有序健康发展是促进社会组织发展的重中之重。然而，不可回避的是，缺乏健全、合理、可持续的社会组织人才培养和服务体系已经成为阻碍我国社会组织发展的核心问题。这主要表现在社会组织人才服务体系的政策法规体系不够完善，社会组织人才主体地位不突出，社会组织人才培养体系缺位，社会组织人才流动不畅。所有这些，严重减弱了社会组织发展的活力和后劲，导致社会组织发展的内生动力尚未完全释放。

正因如此，从推进社会治理能力和体系现代化以及社会组织发展的实际需要出发，围绕社会组织人才能力建设、社会组织人才队伍建设、社会组织人才大数据和信息化服务平台建设等多维度研究社会组织人才服务体系构建是当今社会发展的当务之急。可以说，社会组织人才服务体系建设是事关我国社会经济发展改革的前瞻性问题和实践性课题。

本书通过对现有社会组织人才服务相关理论和实践成果的文献分析，系统总结了国外社会组织人才服务体系设计的先进经验；通过对我国社会组织及其人才服务的深度访谈和问卷调查，系统分析了当前社会组织发展与社会组织人才服务的内在关系以及社会组织人才建设与服务体系的现状、问题和发展困境。本书运用政治学、社会学和公共管理学等理论，从社会组织人才服务体系建设的内部动力和外部动力、社会组织人才主体地位、社会组织能力建设、社会治理等维度进行系统分析，就我国社会组织人才服务体系建设理论、建设路径和政策建议进行了探索，以期推进我国社会组织人才队伍建设，借以促进我国社会结构转型升级和社会治理现代化。

是为序。

郭金来

2018 年 3 月 18 日于清华园明斋

目　　录

第一章　导论……………………………………………………… 1

1.1　问题的提出及研究意义 ………………………………… 1

1.2　国内外研究现状 ………………………………………… 10

1.3　本书研究的逻辑 ………………………………………… 16

1.4　研究目标和研究方法 …………………………………… 18

第二章　社会组织人才服务体系理论研究 …………………… 21

2.1　社会组织人才服务体系内涵 …………………………… 21

2.2　社会组织人才服务的特征 ……………………………… 25

2.3　社会组织人才体系建设的必要性 ……………………… 26

2.4　社会组织人才服务体系的建设的范畴 ………………… 48

第三章　发达国家社会组织人才服务体系建设经验与启示

　　　　——以德国、美国、加拿大人才服务为例 ……… 50

3.1　德国社会组织人才服务的模式与经验 ………………… 50

3.2　美国社会工作者协会的人才服务机制 ………………… 55

3.3　加拿大基于行业协会的社会组织人才模式………… 59

3.4 发达国家社会组织人才服务模式的对比

　　——以德国、美国、加拿大为例 ················· 67

3.5 国外经验的总结及对我国启示 ················ 68

第四章　我国社会组织人才服务体系建设现状分析 ········· 70

4.1 我国社会组织人才发展的现状 ················ 70

4.2 我国社会组织人才服务体系的现状及问题 ········ 91

4.3 社会组织人才服务体系建设的个案：

　　基于成都实践的解读 ················ 113

第五章　我国社会组织人才服务体系建设路径与

　　政策建议 ················ 128

5.1 社会组织人才服务体系建设理念：共治与善治 ····· 129

5.2 社会组织人才服务体系建构与治理路径 ·········· 130

5.3 我国社会组织人才服务体系建构的政策设计 ········ 134

参考文献 ················ 138

附　录　中央政策文件中对社会组织人才队伍

　　建设的重要规定摘编 ················ 146

后　记 ················ 167

第一章 导论

1.1 问题的提出及研究意义

1.1.1 问题的提出

(1) 全球治理框架下，社会组织是重要力量

全球化的深入使得全球性的公共问题日益凸显，中国的日渐崛起对于中国参与全球治理的国际战略提出了更高的要求。2016年9月27日，中央政治局就20国集团（G20）领导人峰会和全球治理体系变革进行第三十五次集体学习。习近平总书记在会上指出，党的十八大以来，中国为推动全球治理体系变革做出了许多贡献，特别是"一带一路"倡议与亚洲基础设施投资银行等，用实际行动促进全球治理变革。同时他也提到，"参与全球治理需要一大批熟悉党和国家方针政策、了解我国国情、具有全球视野、熟练运用外语、通晓国际规则、精通国际谈判的专业人才。要加强全球治理人才队伍建设，突破人才瓶颈，做好人才储备，为我国参与全球治理提供有力人才支撑"。[①] 2017年10月18日，

---

① 习近平：《深入推进"一带一路"建设》，新浪财经，http://finance.sina.com.cn/roll/2016 – 09 – 29/doc – ifxwkvys22483 86. shtml，2017 年 3 月 18 日。

习近平在中国共产党第十九次全国代表大会上进一步指出，人才是实现民族振兴、赢得国际竞争主动的战略资源。①

虽然长期以来我国采取的是政府主导的对外战略和外交政策，但随着全球公民社会的力量壮大，社会组织已经成为影响全球治理的重要力量。社会组织以独立于政府的方式开展广泛的国际交流，参与各种全球性、区域性活动及相关决策，与国际组织或属地国的社会组织建立合作伙伴关系等。因此，增强我国社会组织在全球公民社会发展及全球治理中的话语权，将使社会组织能充分发挥在国际合作与共识中的作用，给新的全球治理增添"中国色彩"。

（2）我国社会组织规模日益扩大，但人才服务体系落后

经过改革开放以来特别是最近十余年的发展，我国社会组织已逐渐走出起步阶段，开始进入一个相对成熟和稳步发展的新阶段。截至2016年6月底，全国已登记社会组织67万个，其中，社会团体32.9万个，社会服务机构（民办非企业单位）33.6万个，基金会5038个。1978～2016年，社会组织数量平均每年增长21.2%，2000～2016年平均每年增长12.8%。全国各类社会组织形成固定资产2312亿元，年收入2929亿元，从业人员达到1200余万人，业务涉及经济社会诸多领域，其中教育、社会服务、农业及农村发展、文化、工商业服务、卫生六个领域的社会组织最多，约占总数的70%。我国社会组织发展趋势见图1–1。

---

① 习近平：《决胜全面建成小康社会 夺取新时代中国特色社会主义伟大胜利——在中国共产党第十九次全国代表大会上的报告》，人民网，http：//cpc.people.com.cn/n1/2017/1028/c64094–29613660.html。

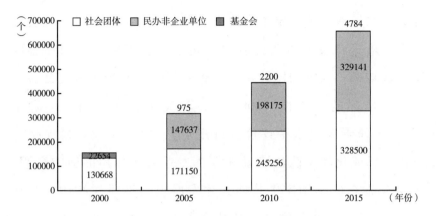

图 1-1 我国社会组织发展趋势

资料来源:《2016 年中国统计年鉴》,作者整理。

另外,根据清华大学公共管理学院 NGO 研究所 2007 年的调查数据,还有大量未注册的"草根组织"、境外在华社会组织、社区社会组织、农村社会组织以及各种网络型、松散型的社会组织等,总量约为 300 万个,且以年均 30% 的速度增长。[①] 社会组织开始逐渐具备服务民生、表达民意、维护民权、倡导民主等功能,一个以各类社会组织为主体的社会管理创新与社会建设新局面正在形成。可以说,我国的社会组织在促进经济发展、壮大慈善事业、实现脱贫攻坚、繁荣社会事业、化解社会矛盾、创新社会治理、扩大对外交往等方面都发挥了积极作用,已经成为我国社会主义现代化建设的重要力量。

我国社会组织的发展仍然面临各种制约因素,包括经费不足、社会支持欠缺、能力不足、人才缺乏。[②] 其中,人才是

---

① 王名:《走向公民社会——我国社会组织发展的历史及趋势》,《吉林大学社会科学学报》2009 年第 3 期,第 39~44 页。

② 王建军:《中国民间组织的困境及其发展前景》,《中国民政》2005 年第 6 期,第 16~17 页。

社会组织发展的第一要素，缺乏健全、合理、可持续的社会组织人才培养和服务体系已经成为我国社会组织发展的核心问题。近年来，国家和民政相关主管部门已经开始意识到公益事业人才培养的重要性，2006年，相关主管部门制定下发了《社会工作者职业水平评价暂行规定》，掀起了大规模加强专业化、职业化社工队伍建设和发挥专业社工作用的新的高潮。2010年发布的《国家中长期人才发展规划纲要（2010～2020年）》不仅提出统筹推进包括社会工作人员的各类人才队伍建设，而且强调要将非公有制经济组织和新社会组织人才发展纳入各级政府人才发展规划。2011年中组部牵头，有关部门参与制定了《关于加强社会工作专业人才队伍建设的意见》，随后又编制了《社会工作专业人才队伍建设中长期规划（2011～2020年）》。2012年底，民政部正式启动了"中国公益慈善人才培养计划"，拟用三年时间建立慈善人才培养体系，挖掘和培养公益慈善人才。然而，在社会组织人才队伍专业化的建设过程中，人才的引进、培养、评价、激励、保障等相关综合体系的建设比较滞后，而这恰恰是社会组织吸引人才、留住人才的关键所在。在此背景下，我国社会组织领域的从业人员不断增加，截至2015年12月底，我国社会组织从业人员总计7347892人，相比有统计数据开始的2006年的4251850人增长了72.8%（见图1-2），因此，对社会组织人才服务体系进行研究就显得非常必要。

（3）从"国家统管"到"社会治理"，社会组织迎来新的发展机遇

1978年改革开放至今，我国经济社会领域经历了剧烈的转

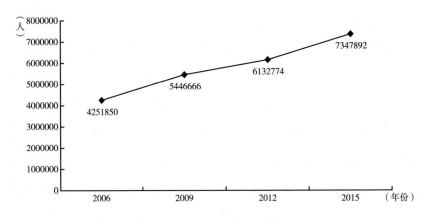

图 1 - 2　我国社会组织从业者发展趋势

资料来源：《2016 年中国统计年鉴》，作者整理。

型，主要体现在两个方面：一方面，经济领域由计划经济体制转
向社会主义市场经济体制；另一方面，社会结构由传统转向现
代。[1] 也有学者将其归纳为从"总体性支配"到"技术式治理"
的过程，即在这个过程中，从过去国家对经济及各种资源全面垄
断而形成的政治、经济与意识形态三个中心高度重叠的"总体
性社会"，[2] 转型为国家适度放开市场从而形成国家与市场"联
袂登台"[3] 对社会的共治。这种从集权管理到分权治理的转型为
社会组织提供了更广阔的活动舞台，社会组织的功能、作用和地
位日益凸显。

　　1978 年之后的改革可以分为四个阶段。第一个阶段，
1978 ~ 1989 年，其主要表现形式为"双轨制"改革，即从过去
的总体性社会向城乡二元社会转变。虽然城市与农村都开始实行

---

[1] 李培林：《转型背景下的社会体制变革》，《求是》2013 年第 15 期，第 45 ~ 47 页。

[2] 孙立平：《社会转型：发展社会学的新议题》，《社会学研究》2005 年第 1 期，第 1 ~ 24 页。

[3] 沈原：《社会的生产》，《社会》2007 年第 2 期，第 170 ~ 191 页。

突破计划体制的"承包制",但在当时所有的国家政府文件中,"公有制为主体,多种所有制并存"的具体规定凸显了"二元体制"的特征,一方面,国家努力培育新的经济力量与市场主体参与到经济改革中来;另一方面,计划经济与单位制在当时依旧处于国家话语与权力的核心,"双轨制"的确极大释放了社会的活力,但也带来了权力寻租、信息不对称,从而导致恶性发展等后果。第二个阶段,1990~2000年,市场与权力共同推进下的"全面市场化"改革。这一阶段,"以经济建设为中心"的指导思想深入社会的各个领域,市场化改革也蓬勃发展起来,特别是邓小平南方谈话之后,改革开始了从第一个十年的"双轨制"向第二个十年的"市场经济"改革的转型,尤其在"分税制"的影响下,中央与地方、政府与企业的权力发生了重构,这一改革更彻底释放了生产力的潜能,但是也带来了更为严重的社会问题——财富再分配体制严重失衡,社会福利严重缺失,收入提高的幅度有限以及贫富差距持续扩大,居民面对突如其来的社会转型感到措手不及而消费心理失衡。第三个阶段,2001~2008年,在中国加入世界贸易组织(WTO)、北京2008年夏季奥运会申办成功、亚洲金融危机的爆发等重大事件的影响下,外部的全球化压力对"社会治理"提出了新的要求。在国内,前20年单纯追求经济发展带来种种社会弊端,资源与收入的分配差距加大,阶层间流动性降低,各种社会矛盾与冲突加剧,对于"社会治理"的需求也在不断增加,具体而言,这一时期的重点是政府与企业的科层制改革,对企业社会责任、法制建设、行政管理等领域进行革新。"治理"(governance)概念原意是公共事务的管理并非政府之专责,公民及各种社会(公民)组织也应参与其中，并与政府密切合作，① 同时，治理还意味着政府除了执行其经济建设与管理的职能外，应承担保护社会公平与公共事务管理的功能，这个过程中，政府的合法性来源不只是其传统具有的权威，也依赖其程序和技术的不断改进。② 第四个阶段，2009 年至今，奥运会结束伴随全球金融危机的爆发，加之要素供给效率变化、资源配置效率变化、创新能力制约以及资源环境压力，经济发展进入平稳缓慢增长的"新常态"，改革过程中形成新的社会矛盾，从社会分层与流动这一角度来进行分析，我国当前社会结构出现了"上层阶级化，下层寡头化"以及行动层面上"上层寡头化，下层民粹化"的社会断裂。③ 在这个过程中，政府独大并联合市场共同对社会形成压制，这就决定了在转型时期，与经济领域转型相比，我国社会结构转型用时更久，过程也会更加艰难。从社会运行的机制和规则来看，社会组织体制的改革是社会体制改革的一项重要任务，④ 发展社会组织、构建政府与社会的良性关系成为政府与学界公共关注的问题。⑤ 随着改革开放的进一步深入，我国经济领域的进步有目共睹，人民生活水平得到了稳步提高。与此同时，我国社会领域的改革尚处于起步阶段，政府、社会、市场三者之间的角色定位也处于不断调适的进程之中。随着创新社会治理的理念深入人心，社会组织在我国社会治

---

① 格里·斯托克、华夏风：《作为理论的治理：五个论点》，《国际社会科学杂志》1999 年第 1 期，第 19～30 页。俞可平：《治理与善治》，社会科学文献出版社，2000。

② 渠敬东、周飞舟、应星：《从总体支配到技术治理——基于中国 30 年改革经验的社会学分析》，《中国社会科学》2009 年第 6 期，第 104～127 页。

③ 孙立平：《转型与断裂：改革以来中国社会结构的变迁》，清华大学出版社，2004。

④ 李培林：《我国社会组织体制的改革和未来》，《社会》2013 年第 3 期，第 1～10 页。

⑤ 王思斌：《走向发展型社会政策与社会组织建设》，《社会学研究》2007 年第 2 期，第 187～189 页。

理过程中扮演的角色越来越重要。党和政府也大力提倡社会力量发挥自身特色，为国家社会事务发展贡献力量。

党的十八届三中全会中明确提出了"创新社会治理体制"，这标志着从"社会管理"到"社会治理"逻辑的改变，标志着过去的一元主体管理社会向多元主体参与共同治理社会的转变。"多元主体参与"的基本模式是以党的领导为核心，政府负责、社会协同、公众参与以及法治保障。在这个逻辑转变的前提下，社会组织作为当前社会治理的重要主体，其能否发挥在多元主体治理下的功能，成为决定当前我们社会治理事业能否顺利开展的重要因素。同时，党的十八届三中全会《中共中央关于全面深化改革若干重大问题的决定》把社会治理的创新归结为"改进社会治理方式"、"激发社会组织活力"、"健全有效预防和化解社会矛盾体制"与"健全公共安全"四个方面①。因此，本书有关社会组织人才服务体系的研究，正是在党中央对"激发社会组织活力"的要求下开展的，是论述更好为社会组织发展提供人才"支撑型服务"与实施"协商式治理"的一个重要尝试。

面对社会组织在我国的蓬勃发展，面对改革进入"深水区"对于"社会治理""社会组织模式创新"的一系列要求，我们需要适时地基于实践发展进行理论探索与总结。其一，我们要完善相关社会组织发育的制度，让社会组织的人力、财力、物力得到最大限度的利用，服务于社会治理的大局；其二，社会组织作为

---

① 习近平：《切实把思想统一到党的十八届三中全会上来》，中国共产党新闻网，http：//cpc. people. com. cn/xuexi/n/2015/0720/c397563 - 27331317. html，2013 年 11 月 12 日。

治理主体，其自身的能力、从业者的水平决定其能够发挥的功效；其三，多元平台的搭建是否能为社会组织参与社会治理提供一个好的通道，关系到社会组织能否具有与其他主体平等参与社会治理的机会；其四，用动态的眼光来看待当前社会组织的发展，政府在管理方面要不断创新以适应当前的结构性变迁。①

1.1.2　研究意义

社会组织在矫正市场失灵、弥补政府不足中具有重要作用，是社会治理的重要力量。同时，社会组织逐步成为新增就业的重要领域。然而，当前我国尚未形成社会组织人才服务体系，导致社会组织人才队伍发展存在很多突出问题，集中表现在以下几点。一是与蓬勃发展的社会组织相比，社会组织专业化管理制度和服务严重落后。二是我国社会组织人才队伍建设的相关立法不足，尚未在全国范围内形成关于社会组织人员引进、培养、使用、评估、激励、保障等成体系的法律法规，同时，人员保障相关规章制度不够完善，直接影响社会组织人才队伍的稳定性和积极性。三是社会组织人员的专业性不够、结构不合理。我国社会组织服务的就业人员中，兼职人员、离退休人员占一定比例，人员老化，人才流失严重，影响了人才队伍的稳定性和活力。四是相比于政府、企事业单位，社会组织缺乏就业吸引力。社会组织属于非营利性组织，主要从事社会公益性事务，各类人才的工资待遇普遍偏低，加之社会保障不健全，社会组织对人才就业的吸

---

① 王栋：《社会组织参与社区治理的机制：结构、效应及构建路径》，《广东行政学院学报》2012 年第 4 期，第 35~41 页。

引力低，处于人才供给的低谷。

　　基于以上分析，本书拟对社会组织人才服务体系进行专门研究和系统分析，探索有助于根本解决我国社会组织人才培养问题的有效途径，建立围绕社会组织发展和社会组织能力建设的社会组织人才服务体系，推进社会组织人才专业化进程，加强社会组织人才队伍建设，研究意义体现在以下几方面。第一，本书对社会组织人才服务体系进行系统研究，避免了早期单纯研究社会组织人才现状、特征或某方面制度的局限性与片面性。第二，社会组织人才服务体系构建有助于从根本上解决我国社会组织的发展困境，促进和推动社会组织人才与政府、企事业单位人员间的平等和自由流动。第三，近年来，北京、上海、广东等地方政府在社会建设过程中，在促进社会组织人才服务体系构建方面开展了多样化的实践探索与制度创新，考察和分析这些实践与创新做法对于从国家层面研究社会组织人才服务体系的构建具有重大意义。

1.2　国内外研究现状

1.2.1　社会组织人才的研究

（1）社会组织人才的内涵

　　社会组织人才特指社会组织中具有较高素质的管理人才和较高技能的服务人才，其应当是能够进行创造性劳动，具有奉献精神和创新意识，为社会组织做出积极贡献的复合型人才。社会组织人才是社会组织的第一资源，也是最宝贵的资源，社会组织人才的开发与社会组织的发展息息相关。

2010 年发布的《国家中长期人才发展规划纲要（2010～2020 年)》明确指出，人才是指具有一定的专业知识和专门技能，进行创造性劳动并对社会做出贡献的人，是人力资源中能力和素质较高的劳动者。民政部 2011 年发布的《全国民政人才中长期发展规划（2010～2020 年)》（本章以下简称《民政规划》)将"民政人才"定义为具有一定的专业知识或专门技能，在民政领域进行创造性劳动并做出贡献的人，是民政人力资源中能力和素质较高的劳动者。

社会组织人才是构建社会组织人才服务体系的基础。可以看出，《民政规划》中提及的民政人才应该具有四个特点：第一，具有一定的专业知识或专门技能；第二，在民政管理和服务中进行创造性劳动；第三，对管理和服务对象及社会发展做出贡献；第四，具备良好的职业道德和职业精神。① 此外，《民政规划》还将民政人才分为民政行政管理人才、民政企事业单位管理人才、民政专业技术人才和民政技能人才四类。可以看出，民政人才包含大量的民政行政机关人员和乡镇民政助理员等，和本书研究的社会组织人才不尽相同。

本书所研究的社会组织人才可以分为三个层次：一是领导层，负责决策和指导，是社会组织赖以发挥桥梁与纽带作用的骨干力量；二是管理层，负责配置和组织资源，是社会组织职能的重要承担者；三是执行层，负责落实和完成工作，是社会组织运行的基本元素。社会组织服务的专业技术人才具有较强

---

① 佚名：《主要名词解释和指标说明》，《中国社会工作》2011 年第 36 期，第 13 页。

的专业技术、良好的职业素养并能在企业等单位胜任专业技术工作。本书所研究的社会组织人才包括社会组织专职人才和社会组织服务的专业技术人才。具体来说，社会组织人才特指社会组织中具有较高素质的管理人才和具有较高技能的服务人才，其应当是能够进行创造性劳动，具有奉献精神和创新意识，为社会组织事业做出积极贡献的复合型人才。

（2）国内社会组织人才现状的研究

考察社会组织人才现状是社会组织人才专业化研究的首要问题，王名（2001）等①众多学者很早就对社会组织人才现状予以关注，也有不少学者以特定区域或特定社会组织类型人员为调查对象，分析社会组织人才专业化状况；邢博（2011）② 以上海市基金会为例分别考察社会组织人才现状；罗拾平（2008）③ 以长沙市社会组织为例、尹志刚（2010）④ 以北京市西城区社会组织为例、罗美侠（2011）⑤ 以黑龙江省社会组织为例考察社会组织人才现状。学者普遍认为当前我国乃至全球范围内社会组织中的专职人才存在流动性大、素质不高、专业技能水平不高等问题，并且人才管理体系不够规范。

① 王名：《中国 NGO 研究——以个案为中心》，联合国区域发展中心、清华大学 NGO 研究所，2001。
② 邢博：《非营利组织职业化建设及人员专业化研究——基于上海市基金会从业人员专业化情况调查》，《现代商贸工业》2011 年第 2 期，第 121～122 页。
③ 罗拾平：《非营利组织专职人员专业化问题研究》，湖北师范大学，硕士学位论文，2008。
④ 尹志刚：《社会组织培育与社会建设制度框架建构——基于北京市西城区社会组织的调查》，载北京市社会组织培育和管理课题组《2010 年北京社会建设论坛论文集》，2010，第 59～74 页。
⑤ 罗美侠、曲文勇：《社会组织人才建设现状浅析——以黑龙江省为例》，《社会工作》2011 年第 24 期，第 82～84 页。

（3）社会组织人才培养研究

刘惠苑等（2011）[①] 提出应探索建立高校学历教育、专业培训、知识普及有机结合的社会组织人才培养体系，同时加快社会组织人才培育基地和省、市、县三级结合的人才培训网络建设。郭德厚等（2012）[②] 以惠州学院为例，指出社会组织参与高校人才培养工作具有资源、信息、实践等优势，提出应建立社会组织参与人才培养方案制订、师资结构改善、实践教学、人才培养、人才就业工作的机制，促进社会力量参与高校人才培养工作。

（4）社会组织人才专业化的实现途径研究

社会组织人才是我国人力资源不可或缺的重要组成部分，从人力资源管理角度探讨社会组织人才专业化的实现途径在以往研究成果中最为普遍，内容涉及绩效、激励管理等方面。李春华等（2004）[③] 提出要发挥社会组织资源的最大效用，应改善社会组织的绩效管理，社会组织绩效管理要以人为出发点和中心，重视激发和调动人的主动性、积极性、创造性，以实现人与组织的共同发展。李小宁（2003）[④] 指出，"产出门槛值监督"和"自我激励"是社会组织的主要激励方式。Meredith A. Newman（2012）从情绪劳动管理视角指出，社会组织人员开展工作需付出沉重、复杂的情绪劳动并应对其情绪予以管理。

① 刘慧苑、叶萍：《广东社会组织人才状况及策略研究》，《学会》2011 年第 11 期，第 10 ~ 13 页。
② 郭德厚、李建涛、田翠华：《论社会组织支持地方高校人才培养的探索——以惠州学院为例》，《惠州学院学报（社会科学版）》2012 年第 10 期，第 81 ~ 85 页。
③ 李春华：《论非营利组织绩效管理的改善》，《财会月刊》2004 年第 2 期。
④ 李小宁、田大山：《无偿服务非营利组织中的委托——代理关系》，《北京航空航天大学学报》2003 年第 6 期，第 27 ~ 31 页。

（5）社会组织专业化人才建设的制度研究

制度构建是实现社会组织人才专业化的根本路径。许多学者试图从制度设计角度提高社会组织人才专业化水平。杨团（2009）[①] 提出利用农村剩余劳动力构建社会组织养老服务业的制度设计。廖鸿、刘宝泉（2010）[②] 认为应尽快建立社会组织人才社会保障和工资福利政策，维护社会组织人才合法权益。陆惠新（2012）[③] 提出要尽快建立《社会组织从业人员劳动人事制度》，研究制定社会组织人才引进、户籍、职称、薪酬、保险、激励等系列政策。

1.2.2 社会组织人才服务体系的研究现状

社会组织人才服务体系是一个综合性系统，涉及政治、公共管理、经济及人力资源管理等多个学科，学者从不同的专业视角与层面进行了较为丰富的研究，目前鲜有针对社会组织人才服务体系的系统研究，现有的关于人才服务的研究主要集中在以下几方面。

（1）社会组织人才服务体系的现状研究

主要总结目前人才服务的现状、特点、问题并提出政策建议。如唐果等[④]提出要建设市场化的人才服务机构，认为政府、企业及第三部门均可根据自身特点在人才服务体系中各司其职，

---

① 杨团：《促进非营利部门就业是新社会政策时代的社会产业政策》，《学习与实践》2009 年第 10 期，第 117～126 页。

② 廖鸿、刘宝泉：《做好社会组织人才服务工作，推动社会组织人才战略实施》，《社团管理研究》2010 年第 8 期。

③ 陆惠新：《对打造社会组织领军人才高地的若干思考——以上海的实践为例》，《社团管理研究》2012 年第 10 期，第 36～37 页。

④ 唐果等：《市场化人才服务体系的内涵特点及建设重点》，《经营与管理》2012 年第 10 期，第 110～112 页。

发挥社会组织作为人才服务主体的作用，而为了防止人才服务体系市场化过程中的"市场失灵"，政府还应该扮演监管的角色。孟冰以北京市人才服务中心为研究对象，提出在现有的个人人才服务体系的基础上建立面向用人单位的人才服务体系，最大限度地挖掘人才服务中心自身的政策优势和技术力量，通过深入的人力资源管理，在企业外部建立一个完整的人力资源支持体系，以深入的单位服务促使人才服务机构成为用人单位不可或缺的人力资源服务入口。①

（2）社会组织人才服务体系评价指标研究

该类研究主要就人才服务体系的构成及评价指标进行设计与构建，如孙航对区域人才服务体系的内涵和评价指标体系进行分析，提出了从人才、服务内容、服务机构和服务环境四个层次构建区域人才服务体系的政策建议；②魏艳春从供给主体、供给对象、供给内容、供给手段等方面探讨了我国人才公共服务供给体系的要素。③

（3）社会组织人才服务体系的比较研究

这类研究主要借鉴境外相关国家或地区人才服务经验，如刘漪借鉴中国香港高层次人才服务治理的实践，提出我国构建高层次人才服务治理的对策建议：提高政府治理能力，加强跨部门合作，强化公私合作，激发社会活力。④

---

① 孟冰：《人才服务业的创新与建设研究——建立一套面向用人单位的人才服务体系》。
② 孙航：《区域人才服务评价指标体系探讨》，《中国人力资源开发》2011 年第 5 期，第 91~94 页。
③ 魏艳春：《我国人才就业公共服务供给体系的构成要素初探》，《中国人才》2008 年第 4 期，第 49~51 页。
④ 刘漪：《论高层次人才服务之力机制构建——基于香港实践的思考》，《人力资源开发》2015 年第 6 期，第 9~10 页。

1.2.3 对现有研究文献的总结

综合以上文献，可以看出目前的研究存在以下问题。

首先，现有的针对社会组织人才的研究通常只是将社会组织人才的某一方面或某一环节作为研究切入点，如建立社会组织人才培养教育基地、提高社会组织人才社会地位与政治待遇、营造良好的社会组织人才流动与管理环境等，从人才服务的体系化视角进行研究的还很少，而针对社会组织人才服务体系进行系统研究的更是寥寥无几，缺乏完善的体系化设计。

其次，社会组织人才服务体系构建实践性很强，需要合理的制度作为其实现保障，学术界目前提出的各种制度设想多是对社会组织人才专业化提出的，而人才专业化是社会组织人才建设中很重要的一环，但是人才的引进、激励和保障等也很重要，是社会组织留住人才的重要环节，而目前的研究鲜有涉及。

社会组织人才培养是个系统工程，构建社会组织人才服务体系是社会组织人才培养顺利进行的基础和有力保障，需要政府、社会、企业多方协作和联动，如何在现有体制机制下设计、构建社会组织人才服务体系，进而推动社会组织人才队伍的专业化建设是目前学界与实践界都急需解决的问题，也是本书研究的关键所在。

1.3 本书研究的逻辑

本书坚持理论分析与实证研究相结合的原则，遵循理论分析—实践研究—路径与政策设计和提出问题—分析问题—解决问题的思路展开。本书基本的研究框架如图 1-3 所示。

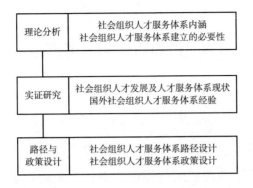

图1-3 本书的研究框架

　　首先，基于社会组织理论、社会组织人才理论、社会治理理论等基础理论界定本书所研究的社会组织、社会组织人才、社会组织人才服务体系的概念和内涵，提出社会组织人才服务体系构建的必要性，强调新形势下加强社会组织人才服务体系建设的重要性与迫切性。

　　其次，通过对当前我国社会组织人才现状、社会组织人才服务现状的实证研究，从实证材料中发现问题、寻找规律，通过案例对比与深度挖掘分析其存在的突出问题，并探明原因，以期展示一个更为全面、系统的围绕社会组织人才队伍建设的基础性服务框架体系。

　　最后，从社会组织发展、社会组织人才队伍建设、社会治理等维度，对社会组织人才服务体系构建的制度进行建设性研究，提出我国社会组织人才服务体系构建的现实化路径与可行性政策建议，为适应蓬勃发展的社会组织的要求，促进社会组织人才专业化、职业化和规范化发展，推动我国社会组织的可持续发展、社会治理的顺利开展提供可以借鉴的建议。

1.4 研究目标和研究方法

1.4.1 研究目标

本书的研究目标概括起来主要有四个方面：一是对当前我国社会组织人才服务现状进行摸底调查；二是对社会组织人才服务的相关理论及发达国家社会组织人才服务体系建设经验进行理论分析；三是在实证基础上进行可行性论证，提出社会组织人才服务目录及服务标准指标体系；四是提出我国社会组织人才服务体系构建路径及政策建议。

1.4.2. 研究方法

文献研究与问卷调查是本书所采用的主要研究方法。文献研究是社会科学领域常用的研究方法，通过对既有文献的搜集与整理来归纳既有的研究脉络并开展理论对话，实现新的"理论增长"。常用的文献研究资料来源包括书籍、期刊、报纸、会议发言稿等一系列学术材料。当前，文献研究的技术不断提升，已经有许多统计软件可以进行文献的统计与分析，甚至可以将文字转化为数字直接利用。问卷调查是一种系统收集材料的办法，根据研究需要、研究对象的特征、研究的可行性以及研究经费的数量等，设计一套结构化的问卷进行调查。具体来说，其流程包括确定课题、通过文献搜寻与专家咨询设计问卷、试调查、修改问卷、实地沟通、进入调查现场开展调查、后期的问卷审核、问卷编码、数据录入、数据清理、数据分析以及形成最终的调研报告。问卷调查的方式有自填式问卷、问答式问卷以及电话访谈。最新互联网技术与智能终端的发展为问卷调查提供了更多的便捷,如 CAPI 系统可以在平板电脑上进行问卷的填涂,为后台实时监控以及问卷审核、数据录入工作极大节约了成本。

就本书来说,在研究方法方面主要采取问卷调查与文献研究进行经验与文献的搜集,基于数据的支撑与经验理论的论证,为我们进一步推进社会组织建设树立理论自信与道路自信。

(1)问卷调查

本书通过对中国科学技术协会下属科技社团(以下简称"学会")的问卷调查,了解其人才来源情况、当前人才结构、当前人才发展情况以及相关的人才激励及保障机制,对该学会进行数据搜集与分析,相关统计建立在 2013 年对 200 家学会的调研数据基础上。对基金会和民办非企业单位的社会组织人才现状研究基于 2013 年的调研数据,其中,基金会人才数据是建立在 2063 份有效问卷的基础上的,公募基金会占 51%,非公募基金会占 49%;民办非企业单位人才数据是建立在 223 份有效问卷的基础上的,均具有一定的代表性。

(2)文献研究

通过系统梳理当前有关"社会治理"、"社会组织"、"社会组织人才"及其"服务体系"的研究,本书提供了一个可以借鉴的理论分析路径,为更好地了解"社会组织"、"组织人才"以及相关服务提供了一个更为完整的理论脉络回顾。这为本书的政策建议提供了坚实的理论基础。

同时,通过文献回顾,本书分析了当前发达国家现有的人才服务体系建设经验,为我们探索社会主义特色下的社会组织发展路径提供了可以借鉴的经验，在"摸着石头过河"的道路探寻中获得更多经验，增加未来我国社会组织相关建设的道路自信。

（3）深度访谈

通过对相关领域从业者、政策制定者以及一线参与者的深度访谈，本书期望获得更为深刻的对社会组织人才体系建设的认识，同时，半结构式的访谈也使得笔者在访谈过程中获得一些意外的收获。深度访谈是通过一定的主题与提纲，就需要研究的问题对受访者进行访谈并获得对其的系统认知。通常来说，文献研究可以让我们在着手研究时对相关领域的现有研究进展有大致的了解，问卷调查虽然可以获取更为扎实翔实的数据，但是在实际的分析过程中缺乏一定的深度。深度访谈弥补了本书在文献研究与问卷调查方面的不足，结合文献研究获取的前期资料以及问卷调查获得的结构化数据，本书选取了相关社会组织中的一线从业者进行深度访谈，以期获得更为完整的研究材料。

第二章　社会组织人才服务体系理论研究

2.1　社会组织人才服务体系内涵

（1）社会组织的内涵

要探究社会组织人才服务体系，首先需要对社会组织有清晰的界定。美国学者赛拉蒙认为社会组织是具有正规性、非政府性、非营利性、自信性和自愿性等特点的组织。在社会学中，社会组织一般指的是为了实现特定的目标而有意识地组合起来的社会群体，它只是人类组织形式中的一部分，是在政府、市场之间发挥服务、沟通、公证、监督等作用的非政府组织、非营利性组织、第三部门、公民社会、志愿组织、公益组织、慈善组织等[①]。

王名、刘培峰对广义民间组织的定义沿用了亚洲开发银行的思路，即满足两个基本条件：①不是基于政府体系的；②不以营利为目的。[②]　关于社会组织的特征，根据美国约翰－霍普金斯大

---

① 丁显洋：《组织社会学》，中国人民大学出版社，2009。
② 王名、刘培峰等：《民间组织通论》，时事出版社，2004。

学莱斯特·萨拉蒙教授的定义，非营利性组织（NPO）或非政府组织（NGO）一般具有以下 7 个属性：①组织性；②民间性；③非营利性；④自治性；⑤志愿性；⑥非政治性；⑦非宗教性。[①]

社会组织首先应该和特定的社会环境联系，社会环境是社会组织的土壤，能给社会组织提供养分甚至基因。长期以来，在我国主要用"人民团体"和"社会团体"称呼各类社会组织。在党的十六届六中全会的决定中，第一次正式使用了"社会组织"的概念，从中央一系列文件可以看出，今天我国所谓的社会组织是指那些不以营利为目的，而以服务社会大众为宗旨，开展各种公益或互益活动的正式的非政府组织。[②]

关于社会组织的分类，2007 年《民政部办公厅关于修改民政事业统计台账民间组织分类的通知》中的中国社会组织的分类方法更加接近联合国推荐的非营利组织分类标准，目前中国的社会组织分成五大类，即经济、科学研究、社会事业、慈善和综合；在五大类的基础上，又分成 14 小类，即工商服务业、农业及农村发展、科学研究、教育、卫生、文化、体育、生态环境、社会服务、法律、宗教、职业及从业者组织、国际及涉外组织和其他。[③]

（2）社会组织人才服务体系的概念与理论

美国政治学者拉斯韦尔提出对"人"的重视，使"人"真

---

① 黄浩明：《非营利组织战略管理》，中国人民大学出版社，2003。

② 王建军：《当前我国社会组织培育和发展中的问题与对策》，《四川大学学报（哲学社会科学版）》2012 年第 3 期，第 5 ~ 11 页。

③ 民政部网站，http://cws.mca.gov.cn/article/tjbz/d/201404/20140400621157.shtml。

正回到社会科学的中心；现代公共管理学认为，公共管理的主体是非营利性社会组织，它既不同于企业，因其不以营利为目标，也不同于政府，因其不具有行政性权力，非营利性社会组织通过其专业化能力来满足社会公众的某类共同需求，从而体现对社会公共事务的管理职能。

如何构建推动社会组织人才队伍建设的人才服务体系？研究认为，在国家治理体系中，应充分运用共治和善治的理念，在社会组织人才"选、用、育、留"方面更注重人才的专业化建设，以现代人力资源管理为基础，体现公益中国特色，构建包括社会组织人才服务环境、服务内容和服务主体等内容的系统。

人力资源管理的演变经历了人事档案管理、人力资源管理、战略人力资源管理和人才管理四个阶段，关注的焦点逐渐从工作、组织向人才本身转变，人才管理强调的是人的"选、用、育、留"的循环，更注重人才的专业化建设与发展。要确保社会组织的良性发育，一支好的人才队伍不可或缺。作为管理者，政府在社会组织人才服务体系中也应当发挥其管理与服务的职能。社会组织人才服务体系应当建立在人力资源管理的基础上，且有所超越。

从内涵来看，社会组织人才服务体系指以政府部门为主导，利用公共权力及公共资源，从满足社会公共需求出发，为社会组织人才提供一系列公益性的人才公共产品和服务的体系。其外延主要包括：为各类社会组织人才的引进、培养、使用和流动提供一个合理、宽松、有序的政策环境、人文环境、竞争环境及生活环境；为经济社会发展及时提供各类组织人才信息；加强对各类人才的激励和保障；等等。整个社会组织人才服务体系由服务环境（社会环境、人才法规政策）、服务内容（培养选拔、引进选

拔、激励保障、使用评价）、服务主体（服务机构）、服务客体
（社会组织人才）四部分构成，如图2-1所示。

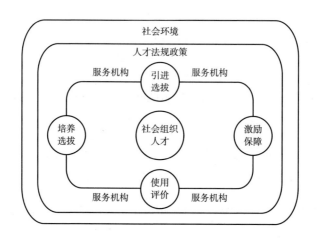

图2-1 社会组织人才服务体系

（1）服务主体。社会组织人才服务是国家公共人才服务的
一部分。其服务主体一般指由国家投资兴办的人才服务机构，受
政府委托或交办、由公共财政支撑、为社会组织人才群体提供特
定的人事管理和服务行为的实体。从社会组织人才服务的机构来
看，包括人才中介、公共部门以及支持型社会组织。

（2）服务客体。人才服务的对象，社会组织中具有人才公
共服务需求的一方。

（3）服务环境。主要包括社会组织人才服务的环境、人才
法规政策等，是公益领域、企业、政府部门人才流通的纽带，是
将社会组织人才纳入全社会人才发展政策的重要桥梁。

（4）服务内容。包括社会组织人才发展体系和人才管理体系，
通过提供引进、培养、选拔、使用、交流、评价、激励、保障等一
系列服务，解决社会组织人才的来源、发展、激励和保障问题。

2.2　社会组织人才服务的特征

社会组织人才公共服务以公共性和公益性为前提，以社会化和市场化平台为依托，以公共产品供给的优质化和公共服务质量的高效化为核心，以社会公众满意为目标的综合性服务,[①] 它具有以下特征。

（1）公共性。社会组织人才公共服务的对象是广大社会组织，服务的内容是满足社会组织人员的公众需要，服务的经费来源于公共财政。

（2）公益性。社会组织人才服务以公共利益为导向。这种公益性要求社会组织人才公共服务应首先考虑并满足大多数人和不同群体的利益要求，建立和优化公平、开放、多向度的利益表达机制和利益协调机制，为不同的群体提供公平表达利益诉求的制度平台，实现"强弱共赢"和公共利益的最大化。

（3）均等性。政府公共服务的分配应符合公平的正义原则，在利益配置上应符合"最少受惠者的最大利益"[②] 原则。

（4）专业性。人才公共服务业务包括人力资源（人事人才）的大部分甚至全部业务，具有很强的专业性。其业务大致可以划分为以下几类。

①行政行为管理。参与有关政策法规的研究制定；人事档案

---

① 伍梅：《构建广西人才公共服务体系的探讨》,《广西社会科学》2009 年第 9 期，第 18～21 页。

② 勇汉荣、万晓磊、沈一东：《关于强化人才人事公共服务的思考》,《浙江师范大学学报（社会科学版）》2008 年第 2 期，第 69～72 页。

管理、人事关系管理；人才流动手续的调整；受理职称评审和专家选拔等工作。

②社会管理服务。人才公共服务，提供社会化人才的社会保险（五险一金）；互助医疗；计划生育管理等工作。

③公共信息服务。人才公共服务网建设、政策法规信息发布、诚信档案服务、人才信息发布等。

2.3 社会组织人才体系建设的必要性

党的十八届三中全会通过了《中共中央关于全面深化改革若干重大问题的决定》，提出了我国国家治理体系和治理能力现代化的总目标，同时提出要创新社会治理体制，改进社会治理方式，激发社会组织活力，明确了社会组织在国家治理中的重要主体地位。随着全面深化改革的展开，现代社会组织管理体制也正在形成，而人才作为社会组织的第一资源，是现代社会组织发展的内生动力。党的十九大报告进一步指出，要坚持党管人才原则，聚天下英才而用之，加快建设人才强国。实行更加积极、更加开放、更加有效的人才政策，以识才的慧眼、爱才的诚意、用才的胆识、容才的雅量、聚才的良方，把党内和党外、国内和国外各方面优秀人才集聚到党和人民的伟大奋斗中来，鼓励引导人才向边远贫困地区、边疆民族地区、革命老区和基层一线流动，努力形成人人渴望成才、人人努力成才、人人皆可成才、人人尽展其才的良好局面，让各类人才的创造活力竞相迸发、聪明才智充分涌流。要破除妨碍劳动力、人才社会性流动的体制机制弊端，使人人都有通过辛勤劳动实现自身发展的机会。

因此，加强社会组织人才队伍建设，构建与社会组织发展相适应的人才服务体系，既是社会组织体制改革的需要，也是社会组织发展和社会组织人才队伍建设的迫切需求，更是社会服务体制改革和社会治理体制改革的重要举措。

2.3.1　建立社会组织人才服务体系的内部动力

近年来，随着社会组织的发展壮大，对专业人才的需求不断增长，社会组织中的人才队伍逐步有了专业化分工，形成了许多新的专业门类。因此，要让专业序列的完善和社会组织专业人才需求实现共同发展，逐步增加职业门类，推进社会组织和人才队伍的职业化和专业化进程。加快社会组织人才培养的迫切性在一位政协委员的提案中有充分体现。

关于重视社会组织人才的培养与使用的建议①

构建社会主义和谐社会，离不开社会工作人才的有力支撑。党的十六届六中全会《决定》明确提出，"要建设宏大的社会工作人才队伍"。认真贯彻落实中央精神，努力造就一支结构合理、素质优良的社会工作人才队伍，是构建社会主义和谐社会的迫切需要，是摆在全党面前的一项重大战略任务。

我省"十一五"规划也明确提出，"加强人力资源能力建设，实施人才培养工程，加强党政人才、企业经营管理人才和专业人才队伍建设，……着力培养学科带头人，……健全以品德、

---

① 冷明权：《关于重视社会组织人才的培养与使用的建议》，海南省人民政府网站，http://www.hainan.gov.cn/zxtadata-2030.html。

能力和业绩为重点的人才评价、选拔任用和激励保障机制，注重在实践中锻炼培养人才"。

在社会管理和服务中，社会组织工作者有独特的优势。他们依托政府支持，通过宣传倡导、组织动员、资源协调，充分调动社会各方面力量参与社会管理，有利于整合社会资源，降低社会管理成本，提高社会管理效率；有利于培育发展社会组织，发挥社会工作者系统化、多样化、个性化解决群体问题和个体问题的专业能力，为社会成员提供政府不便和市场不愿或不能提供的公共服务；有利于激发和调动广大人民群众的主动性和创造性，使之积极参与社会管理和公共服务。

我省社会组织的队伍存在素质不齐、人才匮乏等亟待解决的问题，从社会组织的现状与发展看，必须要通过选拔、培训、岗位锻炼以及政策鼓励等方法，培育建设一支懂专业、会服务、能管理、善协调、愿奉献的专业人才队伍，以满足不断发展的社会组织建设需要，保证社会组织的健康发展。因此，我们提出以下建议。

（1）多渠道、多方面加快社会组织人才的培养。社会组织的运作、发展和发挥作用，终归要依靠具有良好素质的合格社会人才来完成。没有干部的政治素质、事业人才的业务素质、企业管理者的组织才能，是不能从事社会组织工作的，更当不好社会组织领导人。因此，多渠道、多方面加快对社会人才的培养，是培育社会组织的关键。党代表、人大代表、政协委员及其他相应的机构中，都应有社会组织的名额。党和政府应加大政策扶持力度，推进社会组织人才资源开发：把社会组织人才纳入整体人才发展规划；大力支持社会组织人才工作；应在社会人才培养方面给予大力支持，像公务员、企业管理人员、科技人员一样纳入培训计划，形成长效机制，作为一项工作固定下来，长期进行下去。

（2）建立以公开、平等、竞争、择优为导向，有利于充分施展才能的选人用人机制。社会组织越来越多地会集人才，是我国人才队伍的重要组成部分。要把新的社会阶层中的各类人才纳入党和政府的工作范围，努力形成与社会主义初级阶段基本经济制度相适应的人才思想观念和人才创业机制。要消除体制和政策障碍，在政治上对社会组织人才一视同仁，在政府奖励、职称评定等人才政策上统一安排，在面向社会的资助、基金、培训项目、人才信息库等公共资源运用上平等开放，在改善创业环境和工作生活条件上积极提供服务。

（3）建立有效的社会组织人才激励机制，激发社会组织人才的创造活力。要规范社会组织人士属于专业技术人才的薪酬和保险待遇，并使社会组织人才通过发挥作用逐步提高其社会地位、职业威望和职业生涯发展空间。

（4）建立社会组织人才的保障机制。政府设立专项资金，对社会组织的重要人才实行政府投保，有效防止重要人才流失。建立领导干部对优秀人才的联系、关护制度。建立健全向特殊人才倾斜的岗位津贴、住房补贴、科研经费保障和学术休假制度。实行社会组织新进初任人员基本养老保险制度。建立人才道德规范和社会诚信体系，完善与之配套的信用责任制度和信用登记制度，提高人才的责任感和自律水平。

（5）建立完善的社会组织人才使用机制，拓宽社会组织人才的就业范围。要制定相关人事任免制度及岗位设置管理办法，尽快在各领域的事业单位中进行社会工作岗位开发与设置调研。

目前，中国初步建立了以社会工作人才队伍专业资格为主体的社会组织人才考核体系。2006年9月，中国社会组织等社会服务机构开始对从事专业社会服务的技术人员实施专业水平评估，并纳入国家专业技术人才职业资格证书制度统一规划。2008年社会工作者和助理社会工作者正式纳入国家职业系列，为社会组织从业人才提升专业素质提供了新的渠道，加快了社会组织人员的专业化和职业化建设。[①]

建立社会组织人才服务体系的内部动力主要来自两个方面：一是现有专业人才培养体系不健全；二是现代社会对专业人才能力的要求不断提高。下面从这两个方面来具体论述其内在完善动力。

（1）现有专业人才培养体系不健全

当前，国内社会组织发展受各种因素制约，急需建立一个合理、健全、可持续发展的专业人才培养体系。我国社会组织人才专业化建设相对滞后，社会组织人才的专业性还存在很多问题。一是社会组织专业学历学位培养体系还未建立。作为人才专业化培养的传统模式，学历教育有长时性、影响力大等特征。当前，中国的学历教育里还没有"社会组织"以及相关专业，只在部分院校的公共管理专业下设置"社会组织"方向，在社会组织

---

① 王名：《关于加快完善社会组织专业人才职业系列的建议案》，新浪博客，http://blog. sina. com. cn/s/blog_ 7579c5bb0101itlb. html。

人才培养方面的探索较少，本科、研究生以及其他学历多层次的人才培养体系还未建立。二是社会组织专业人才的职业培训和职业认定体系不健全。政府部门、高校和研究机构以及其他社会组织都不同程度地参与社会组织专业人才的培养和培训，形成了社会组织的职业培训系统，但仍然存在相当多需要解决的问题，各个组织在内容、时间、方式等方面存在协调、对接问题，并没有建立效果追踪和评价体系，以致培训重复，浪费社会组织专业人才培养培训的宝贵资源。一方面，我国目前的职业认定体系较为单薄且职称结构不合理，造成社会组织中大批专业人员无法纳入职业和职称系列；另一方面，除了社会工作者职业认定体系外，中国还没有建立其他专业的社会组织人才认定系统，特别是缺乏社会组织自己的职称系列，这使很多社会组织人才和从事专业工作的人员无法进入相应的专业系列和职业的技术工作评估体系。三是社会组织专业化人才的学历教育与职业培训的衔接通道还未建立。学历教育注重理论体系的学习与建立，而职业培训注重实践磨炼与反馈，学历教育必须在实践中进行验证和提升，而职业培训需要建立扎实的理论化体系，两者互为支持补充。当前，社会组织专业化人才的学历教育体系和职业培训体系建设均未成熟，两者不能互相支持和补充。四是社会组织专业人才职称评审渠道不畅。社会组织专职人才和社会组织服务的专业技术人才必须到其他领域参与职称评审，在评审过程中容易受单位性质、户籍、档案、身份等限制，评审程序烦琐、渠道不畅，严重限制了社会组织高端人才的成长。五是由于没有相应的职业和职称系列，社会组织的人事制度不健全，薪酬福利设计不合理，人员待遇不公平，并且在户籍、档案管理等方面均受影响，社会组织专业人才队伍的长期发展受到阻碍。六是社会组织人才流动渠道不畅,缺乏发展平台和上升空间。针对以上社会组织专业化人才内在发展的需求,建立专门针对社会组织人才的服务体系是非常必要的。现阶段发展过程中存在的问题不利于社会组织吸纳更多高学历、高素质的专业型人才。一部分有志于从事社会组织工作的人才只能被迫转行,甚至一些在国外进行过相关专业训练的人才,由于国内的制度不健全、晋升渠道不畅通、专业知识得不到重视而中途转行。只有人才培养体系的完善才能给他们信心,让更多人才从事该项工作,从而促进整个社会组织行业的发展和进步。

(2)现代社会对专业人才能力的要求不断提高

随着我国社会组织的不断发展,国家对社会组织的管理更加规范,社会组织自身也进入了成熟期,在理念定位、制度建设、财务管理、人才培养、服务内容、发展评估等方面都更加规范。同时,社会组织面对更复杂的社会情况、更多的服务内容、更高的服务要求,自然对人才的专业素质、综合能力提出更高要求。社会组织中有更多的专业人才和稳定的专业人才来源,并建立与其发展相匹配的社会组织人才队伍,这样才能适应现代社会发展对专业人才的要求,才能保障社会组织健康持续地发展,才能让社会组织在社会建设和社会治理中发挥重要作用。此外,社会组织本身也需要更加专业的人才,以突破自身发展瓶颈。

就当前中国的社会组织而言,专业人才主要由两大类构成:正式员工和志愿者。正式员工是社会组织中专业化人才培育与管理的最重要的对象。和企事业单位一样,正式员工的主要工作是社会组织的日常事务,保证社会组织的正常运转和功能发挥,不同的地方在于，社会组织在人才的开发和管理中更注重价值观念的灌输。社会组织的志愿者指的是在不求物质回报的条件下，承担社会责任并为之贡献个人的时间及技能的人。作为社会组织两种不同类型的人才，两者有着各自的任务和责任，他们的专业化程度决定社会组织的运转效率和达成目标的能力。从专业化人才的配置和特点来看，可以把社会组织划分为三个层次：一是领导层，在指导和决策方面发挥作用；二是管理层，在组织和配置资源方面发挥作用；三是执行层，在落实并完成工作方面发挥作用。在这三个层次中，领导层和管理层是社会组织专业化人才的核心，是着重培养的人才类别。

根据国家相关部门的数据，中国的社会组织数量从 2000 年以来呈稳步上升趋势，社会组织的服务范畴涵盖中国社会经济生活的各个相关领域，影响每个人的各个方面。从整体上看，中国社会组织的良好发展创造了大量的工作机会，并吸纳了相应的人力资源，然而社会组织专职人才的整体素质参差不齐，获得高学历（高职、大学本科、硕士研究生、博士研究生及以上学历）的社会组织专职人才占比较低，获得专业职业技能资质认定的则更少，因此，中国社会组织的专业人才极度缺乏。由于中国社会组织没有标准规范、可供操作的专业人才管理制度，因此在专业化人才的各个方面都存在不同程度的问题。在专业化人才需求的战略规划上，缺少对社会组织需求、职位设定、技能要求等的分析，缺乏对人才在公益精神和专业技能方面的考察。在专业化人才的培养与培训中，缺乏对不同层次以及不同领域人才培训需求的调研，不能满足社会组织人才的个体发展需要。从中国社会组织人才结构来看，社会组织专职人才占比小是专业化人才匮乏的主要问题。例如，从相关部门 2009 年的统计数据来看，中国社会组织平均配备的正式员工不到 14 人，社会组织专职人才的缺乏必然制约社会组织在目标和功能上的发挥。换个角度看，也有可能是大量非专职人员在社会组织中发挥作用：一是政府部门、企事业单位领导在社会组织中挂职，部分领导在数个社会组织中兼职；二是非正式社会组织专职人才，此种社会组织专职人才流动性强，在工作时间和工作精力上不能保证服务于社会组织的发展。社会组织的发展需要不同方面的专业化人才，其中包含社会组织领导层、管理层的人才，以及具有某种专业知识和技术背景的高素质人才。当前，中国社会组织从业人员中专业化人才极度不足，特别缺乏年轻化、专业化的高素质人才，这会使社会组织活力缺失，在达成组织目标使命的过程中创新不足。

随着中国社会的不断发展，各级政府部门对社会组织工作提出更高更新的要求，社会组织的发展环境、法制法规环境改善。2007 年，党的十七大报告提出，中国社会的发展要加强社会组织的建设和管理，在社会组织的管理体制方面设定了"培育发展与监督并重"的工作方向。在社会组织登记方面，《基金会管理条例》《中华人民共和国民办教育促进法》等相关的法律和法规颁布，一些针对经济社会发展过程中出现的新型社会组织的登记办法陆续出台。在管理方面制定了适用于社会组织的年检、公示办法，引入评估机制，由此建立了多个主体相结合的社会组织管理体制。目前，中国社会组织的管理体制由登记的法律框架，以及准入和监管扶持等法规构成。从微观层面上看，2004 年，国家劳动和社会保障部出台了《社会工作者国家职业标准》，2006 年人事部与民政部颁布《社会工作者职业水平评价暂行规定》和《助理社会工作师、社会工作师职业水平考试实施办法》，民政部在 2009 年颁布《社会工作者职业水平证书登记办法》和《社会工作者继续教育办法》，等等，这些法律法规的出台说明中国社会的发展对社会组织的专业化人才提出了越来越高的要求。

2.3.2　建立社会组织人才服务体系的外部动力

（1）政府职能转移的需要

过去，国家依靠"单位制"为群众提供各种生活资料来源以及社会福利。随着改革开放的深入，单位制逐渐退出历史舞台，留下了大片的社会服务空白，这些空白实际上影响了居民生活质量的进一步提升。而应运而生的社会组织正好填补了单位制退出留下的福利供给空白。

党的十八大报告明确提出深化行政体制改革，建设服务型政府的目标，而实现这一目标必须以转变政府职能为前提。党的十八届三中全会也提出了要加快转变政府职能，创新行政管理方式；推广政府购买服务，凡是属于事务性管理服务，原则上引入竞争机制，通过合同、委托等方式向社会购买。2015 年 1 月 1 日，由财政部、民政部、国家工商总局三部门联合下发的《政府购买服务管理办法（暂行）》（以下简称《办法》）施行，明确规定了在登记管理部门登记或经国务院批准免予登记的社会组织为承接政府购买服务的主体之一。

同时，《办法》还规定了承接主体须具备的条件，如健全的治理结构和内部管理制度，具备提供服务所必需的设施、人员和专业技术能力，具有依法缴纳社会保障资金的良好记录，等等。

当前，我国社会组织发展质量仍然不高，尽管目前社会组织总量增速较快，但是整体能力偏弱，组织的内部治理还不够完善，人才技术专业化的程度不高，有效承接政府职能转移的能力还有待提高。这一点，可以从以下新闻报道中管窥一二。

社会组织参与社会治理状况调查：人才短缺成拦路虎①

近日，浙江省湖州市委政法委牵头召开了社会组织参与基层社会治理座谈会，湖州市民政局等职能部门就社会组织的培育和发展，在社会治理中发挥的作用以及存在问题展开了交流探讨。

湖州市市委副秘书长、政法委常务副书记喻运鑫说："梳理社会组织的发展状况及参与基层社会治理的成功经验做法，意在探索与发展更广泛更健康的社会组织，使更多的社会组织积极有效地参与到基层社会治理中去，最大限度地激发社会和谐因素，消除不和谐因素，建设平安湖州。"

社会组织参与社会治理的状况及成效如何？《法制日报》记者就此展开深入调查。

主动承接政府购买服务项目

记者从湖州市民政局获悉，截至 2014 年 7 月底，湖州市共有 1703 家社会组织，其中，社会团体 1034 家、民办非企业单位 667 家、基金会两家。2011 年至今，全市社会组织登记数量年均增长率为 8.5%。

湖州市民政局副局长徐娟介绍，不同类型的社会组织在参与

---

① 王春：《社会组织参与社会治理状况调查：人才短缺成拦路虎》，《法制日报》2014 年 9 月 4 日，转载自人民网，http://politics.people.cn/n/2014/0904/c70731 - 25602350. html。

社会治理过程中发挥着不同作用。有的社会组织通过承接政府购买服务项目，提供公共物品和公共服务；有的发挥沟通社情民意、调解社会矛盾纠纷的作用；还有的社会组织以章程为指导，根据业务范围提供专业化服务。

德清县晨曦工作服务社自 2012 年成立以来，以政府购买服务方式承担了县新居民事务局委托的"和美家园、幸福新生活"新居民城市融入项目、县民政局委托的社会工作者职业水平考前培训项目等服务项目，取得了良好的社会效益。

在夕阳乐关爱孤寡独居老人服务项目中，服务社以武康社区 20 位孤寡独居老人为服务对象，社工对每位老人进行了上门走访，建立了详细的信息档案，逐个分析他们存在的问题和困难，以社工引领义工的模式为他们提供个性化服务。

服务社社长李红介绍说，孤寡老人吴伯伯拆迁搬家、独居老人张阿姨被锁门外、失独老人刘阿姨哮喘病发，在他们最无助的时候，社工与志愿者及时上门帮助他们解决问题，撑起了一把遮风挡雨的"伞"。

据不完全统计，2013 年，德清县政府购买社会组织服务项目投入资金 1397 万元左右，购买了约 20 个服务项目，开展了 500 多次社会服务活动，受益人次达 3.8 万左右。

沟通社情民意调解矛盾纠纷

社会组织拓展公民利益诉求表达渠道、化解社会矛盾纠纷的作用也不容忽视。

湖州市司法局主管下的人民调解委员协会，容纳会员 7000 多人，在村、社区、企业等基层调解各类矛盾纠纷。2009 年 12 月以来，湖州市人民调解组织调处矛盾纠纷 10.8 万余件，成功率 97.5%，有效发挥了人民调解在维护社会稳定中的"第一道防线"作用。

目前，湖州在法院、公安、劳动、医患、交通、物业等行业部门及毗邻跨界区、外来人口集中区建立区域性、行业性人民调解组织 203 个，涉及 22 个类型 17 个行业领域，探索建立了"吴美丽工作室""陆伟东调解室""老杨工作室"等以个人命名的调解服务窗口。

谈及工作体会，湖州市人民调解员协会会长蒋惠良说："人民调解是一种有效的社会治理方式，能起到为法院减负、为职能机构减压、为政府分忧的作用。同时，人民调解具有扎根基层、分布广泛的组织队伍优势，在源头预防化解矛盾中具有前端性作用，有利于发挥源头治理的力量优势，有利于培育和提升社会治理能力。"

多种因素限制参与社会治理

在湖州，平均 1 万人拥有约 7 个社会组织，高于全国 3.5 个/万人的平均水平，但与发达国家平均每万人拥有 50 个社会组织以及发展中国家每万人拥有 10 个社会组织的数量相比还是存在差距。

徐娟向记者透露说，限制社会组织参与社会治理的因素有：社会组织规模小，作用发挥不够明显；社会组织自身发展不足，社会治理参与面不广；自发成立的社会组织较少，个人依赖性较大；观念落后；等等。

记者了解到，湖州的社会组织整体资金规模偏小，资金来源渠道较窄。大部分社会团体都以收取会费为主要筹资方式，政府资助、服务性收入、社会捐助较少。

社会组织参与社会治理除了受资金限制外，还受到人力资源的限制。人才短缺是社会组织面临的主要困难之一。许多社会组织工作人员来自政府转移人员和离退休人员，管理理念和方式相对落后，且专职人员较少。

在待遇方面，社会组织专职工作人员工资偏低，有的刚刚超过市最低工资标准，难以吸引高级人才。

记者发现，很多居民对社会组织不了解、不信任，对一些草根社会组织的公益性行为持排斥和怀疑态度。社会组织参与社会治理还存在方式单一、不专业、层次低、重复性、缺乏合作和信息沟通等问题。

如何培育发展社会组织，促进其积极参与社会治理

"社会组织要找准自身的角色定位，确立自身的独立性、自主性和代表性，确保非营利性和社会公信力。"徐娟介绍说，要不断完善自身能力建设和内部治理机制，提升服务能力、治理能力、创新能力和社会互动能力，还要注重社会组织负责人的培训和发展。

徐娟建议，民政部门和业务主管单位每年应有计划地对社会组织负责人进行相应的培训。民政部门将社会组织人才培养的重点放在较为宏观的政策法规、组织管理、项目申报管理、筹资管理、会员管理等方面；业务主管部门则应重视中观层面的社会组织业务范围内专业知识等的培训；社会组织可以借鉴一些业务相近的品牌组织的运作模式，让工作人员在借鉴中提升。通过三方合力、多层推进，加快社会组织工作人员专业化、职业化进程。

教育部部长、长江学者特聘教授、浙江大学公共管理学院常务副院长郁建兴向《法制日报》记者介绍说，深化改革的时代

是社会组织发展的大时代，社会组织管理体制的突破，政府购买社会服务的发展都是机遇所在。与此同时，社会组织的发展也存在挑战：一是政府没有准备好，比如对取消业务主管单位的认识、对新的监管体系构建的认识不够；二是社会组织没有准备好，很多社会组织自身能力不足，认识不够，需要加强；三是社会组织的自愿性也会失灵，甚至表现出牟利倾向。郁建兴认为，促进社会组织参与社会治理，要推进国家制度改革治理与完善，更要注重社会组织自身能力建设和参与社会治理的能力建设。

因此，为了进一步提高社会组织承接政府职能转移和政府购买服务的能力，促进整个社会组织行业人才的良性发展，研究和设计社会组织人才服务体系非常必要。政府需求的扩大再加上该领域人才培养的空白，短时间对社会组织人才的需求量较大。社会组织有自身的特点，没有相关学习和经验的人难以进入，需要经过专业的学习和指导，这就使我们的专业人才队伍培训工作更加迫在眉睫。

（2）社会治理现代化的需要

"十三五"期间我国仍将处于"三期叠加"（经济增长速度换挡期、结构调整阵痛期以及前期刺激政策消化期）的经济社会发展"新常态"，各种压力相互交织，各种风险也在累积。这些压力和风险如果得不到平稳释放，就会引发社会矛盾与冲突，从而影响全面建成小康社会目标的实现。① 党的十八届三中全会

---

① 李强、杨艳文：《"十二五"期间我国社会发展、社会建设和社会学研究的创新之路》，《社会科学研究》2016 年第 2 期。

提出创新社会治理体制，并提出要发挥政府主导作用，鼓励和支持社会各方参与，实现政府治理、社会自我调节以及居民自治的良性互动。党的十九大进一步指出，要打造共建、共治、共享的社会治理格局。加强社会治理制度建设，完善党委领导、政府负责、社会协同、公众参与、法治保障的社会治理体制，提高社会治理社会化、法治化、智能化、专业化水平。加强社区治理体系建设，推动社会治理重心向基层下移，发挥社会组织作用，实现政府治理和社会调节、居民自治良性互动。

"社会治理"既是对全社会的治理，也是需要全社会共同参与的治理，需要形成政府和社会组织等多方参与的多元共治体系。在社会治理的过程中，包括政府、非营利机构以及个体等均可以平等参与治理，以求在密切合作的基础上形成共识。社会组织的壮大和发展是我国实现社会治理现代化的重要一环，是社会充满活力的表现，为我国治理局面注入新鲜血液。由于社会组织具有了解和反映民生诉求、递送公共服务、调节公共冲突等作用，因此，在社会治理中能够起到独特的作用，而加强社会组织自身能力建设是其发挥作用的保障。

要在社会组织培育发展中实现"四个转变"：一是从重登记向登记监管并重，更加重视监管转变；二是从注重社会组织数量向更加注重质量转变；三是从日常管理向综合监管转变；四是从业务党建工作相分离向业务党建工作相融合转变，进一步优化社会组织治理结构，推动社会组织发挥积极作用。[①] 适应社会治理

---

① 詹成付：《在沪调研贯彻实施慈善法和社会组织管理工作时提出民政部门迫切需要做好"四个准备"》，《中国社会组织》2016 年 8 月 26 日。

现代化要求，提高社会组织专业化水平，关键在人才，因此，要积极培育社会组织发展所需的职业化、组织化、专业化的人才队伍，创新社会组织选人用人机制，优化社会组织人才资源的配置和流动。社会组织人才服务体系建设正顺应了社会治理现代化的要求。

（3）社会组织"走出去"战略的需要

社会组织"走出去"战略是我国国际战略的重要组成部分，随着国家"一带一路"倡议的有序推进，中国成为影响全球治理的重要力量，各个行业协会、商会要在党中央吹响的全面建成小康社会伟大号角中找准自身定位，积极发挥作用；要加强行业自律机制和会员文化建设，不断提升服务保障水平；要加快出台相关政策文件，鼓励社会组织和企业大踏步"走出去"，做出更大更好的成绩。民政部民间组织管理局将一如既往、更加有力地提供政策引导和支持。[①] 社会组织作为参与全球治理的主体之一，将通过开展公益项目、践行公益实践等引领世界范围内的公益价值取向，与企业和政府相比，社会组织的力量主要体现为软实力，其长期影响十分巨大。

尽管我国部分社会组织已经开始迈上了国际化的探索之路，但是整体看我国社会组织自身发展不足且存在体制机制、社会环境和能力建设等方面的制约，能够"走出去"的只是极少数，急需加强"走出去"的能力建设，通过人才队伍建设和资金支

---

① 《民政部民间组织管理局局长詹成付出席大会并致辞》，《中国社会组织》2016年1月6日。

持以及社会组织与企业、政府间的互动，来增强中国社会组织参与全球治理的实力。社会组织人才服务体系在人才培养与增强社会组织与企业、政府人才间的流动方面，均能起到积极的促进作用。

同时，社会组织"走出去"也是国家软实力的体现，是习近平总书记在达沃斯论坛中提出的"构建全球命运共同体"的重要组织载体。实现国家影响力的国际最大化，同时肩负起在全球新一轮科技革命中"领跑者"的角色，社会组织"走出去"意义重大。

2.3.3　国家"一带一路"倡议对社会组织人才服务体系的新诉求

（1）国家"一带一路"倡议急需社会组织人才支撑

"一带一路"倡议是我国当前的重大战略选择，同时也为社会组织人才服务体系的建设提供了新的动力。习近平主席在2010年9月于哈萨克斯坦纳扎尔巴耶夫大学作演讲时提出共同建设"丝绸之路经济带"，同年10月，他在出访东南亚国家期间提出共建"21世纪海上丝绸之路"的重大倡议，受到世界各国的广泛关注。2015年3月，国家发改委联合外交部和商务部共同发布《推动共建丝绸之路经济带和21世纪海上丝绸之路的愿景与行动》，进一步明确"'一带一路'是促进共同发展、实现共同繁荣的合作共赢之路，是增进理解信任、加强全方位交流的和平友谊之路。中国政府倡议，秉持和平合作、开放包容、互学互鉴、互利共赢的理念，全方位推进务实合作，打造政治互信、经济融合、文化包容的利益共同体、命运共同体和责任

共同体"。① 这一宣告标志着我国发展战略的重大转移。"打造政
治互信、经济融合、文化包容的利益共同体、命运共同体和责任
共同体"作为"一带一路"的建设发展目标，以加强与沿线国
家的"政策沟通、道路联通、贸易畅通、货币流通、民心相通"
作为合作重点②。全国政协委员海丽曼认为"一带一路"倡议作
为国家顶层战略，最基础的工作要落在人才工作上，她认为
"民心相通又占据基础地位和重要分量，是'一带一路'建设的
民意资源积累、社会根基和重要支撑。作为实现沿线国家间合作
共赢的'桥梁'，社会组织中，那些创造性的人才、通晓国际规
则的人才，海外华人团体、非通用语言人才等将是'这种桥梁'
的骨干。因此社会组织的参与，有助于打通我国与沿线国家和地
区的合作交流之路，使周边国家对我们更友善、更亲近、更认
同、更支持，其作用不容小觑"。③

（2）"一带一路"倡议急需社会组织跨界联通

传统意义上的国际行为主体主要包括国家和国际组织，社
会组织并不在其中，中国在区域合作中基本也是以政府或是政
府间组织为主要对象，而对于社会组织之间的交往则有所忽视，
可是在实际操作过程中，阻力往往来自对象国家的社会组织。
随着"一带一路"倡议的深入展开，中国正逐步推进国际区域
合作，包括新亚欧大陆桥、中蒙俄、中巴等六大经济走廊建设

---

① 《推动共建丝绸之路经济带和 21 世纪海上丝绸之路的愿景与行动》，新华社，
http://news.xinhuanet.com/finance/2015-03/28/c_1114793986.htm，2017 年 1 月
10 日。
② 国家发改委等：《推动共建丝绸之路经济带和 21 世纪海上丝绸之路的愿景与行动》，
外文出版社，2015。
③ 夏菡：《"一带一路"建设需加大社会组织参与力度》，《中国社会组织》2016 年第
6 期，第 45 页。

等，但其中一些项目不得不因当地社会组织的抵制而搁浅。例如，在南美，中资公司承建的尼加拉瓜运河项目还未开工便遭到社会组织动员的至少 17 次大规模抗议，此工程被视为中国在巴拿马运河之外试图开辟一条非西方国家主导的海上贸易路线。① 而在非洲，虽然政府官员对中非经济合作评价较高，相关项目却屡屡遭到当地社会组织的责难。② 这些案例都表明，我国在推进"一带一路"倡议实施中，政府以及政府间组织主导的合作较为成功，而对社会组织缺乏相关研究和有效沟通，严重影响了我国"一带一路"倡议的发展进程。以法国为例，政治领域中从总理到外交部部长，都表示愿意响应"一带一路"倡议，但整个社会领域还不是太了解并存有一些疑虑。③ 另外，随着国际交往的加强，各国之间社会组织交往日益频繁，社会组织在区域发展过程中的影响力逐渐增强。2007～2009 年，非政府组织通过设计、编制、审查等方式参与超过 75% 的世界银行牵头的国际合作项目，在国际减贫合作战略协商中，参与率甚至达到 100%。④

综上所述，在"一带一路"倡议框架下，加强对国内外社会组织的研究具有重大意义。首先，加强社会组织间合作，有利

① Matt Chilliak, "Thousands Protest Against Nicaragua's Canal Project", http://www. Liveandinve - stoverseas. Com/news/thousands - protest - against - nicaraguas - canal - project/, 2015.

② Linda Lonnqvist, "China's Aids to Africa: Implications for Civil Society", International NGO Training And Research Center, Policy Briefing Paper No. 17, 2008.

③ 史志钦：《为"一带一路"峰会建言助力》，清华大学全球共同发展研究院，2017 年 5 月 11 日。

④ 世界银行民间团体小组：《世界银行与民间团体的参与：2007 到 2009 财政年度回顾》，http://siteresources. Worldbank. Org/CSO/Resources/CS_ Review_ Executive_ Summary_ Chinese. Pdf。

于营造民间对外国投资的良好氛围。其次，通过社会组织提供公共服务，可以改变以往区域经济合作中过分依赖资源型投资的模式，促进投资多元化。最后，发挥社会组织在"一带一路"倡议中的联通作用，加强民间交往能有效改善当地民众对中国投资的偏差理解和评价，它对提升中国企业在外形象，消除民众对立情绪和民粹主义，减少矛盾和分歧具有重要作用。①

（3）"一带一路"倡议需要社会组织人才的专业贡献

随着全球化的深入发展，国际组织在世界政治舞台上扮演重要角色，发挥不可或缺的作用，当前，在国际组织竞争背后是各国实力的博弈，而归根到底是人才的竞争。② 同时，"一带一路"急需专业人才领域主要涉及项目工程、技术、经济、管理、贸易、金融、法律等。根据世界银行数据计算，1990～2013年，全球贸易、跨境直接投资年均增长速度分别为7.8%、9.7%，而"一带一路"相关65个国家同期的年均增长速度分别达到13.1%、16.5%。另据亚洲开发银行的研究报告，2010～2020年，亚洲各国用于基础设施方面的投入累计约为8万亿美元，其中68%为新建项目，32%为更新维护项目，涉及能源、电信、交通、水务、卫生等诸多领域。可以预期，这些项目的建设完成需要数以十万乃至百万计的铁路、管道、电力、公路、港口与通信等产业的工程建设、设计施工、质量控制与保障、经济管理等专业性社会组织人才，需要加强工程、政治、经济、管理等各领

---

① 柳建文：《"一带一路"背景下国外非政府组织与中国的国际区域合作》，《外交评论》2016年第5期，第30页。

② 周谷平、阚阅：《"一带一路"战略的人才支撑与教育路径》，《教育研究》2015年第10期，第6页。

域专家人才的协作。

（4）"一带一路"倡议对社会组织人才培育提出了新要求

改革开放以来，我国虽已培养了大量具有国际视野、在国际事务和国际舞台上发挥重要作用的各类人才，但在建设"一带一路"的新形势下，面临前所未有的机遇和挑战时，我国的专业人才仍存在不能完全适应"一带一路"发展需求的问题。特别是在管理、经济、文化等领域表现尤为突出。在管理领域，以往国内社会组织主要依靠政府相关部门审批管理，但在"一带一路"倡议实施过程中，这些社会组织的管理与沟通以及与其他国家的相关组织进行交往，需要具有国际视野、善于外交谈判、深知具体专业领域业务的国际化专业组织管理人才来把控，这就对我们的人才工作提出了更高要求。在经济领域，一些国家的社会组织将经济合作问题生态化、人权化、政治化，[①] 严重阻碍了"一带一路"倡议推进进程，迫切需要具有政治、经济研究背景的人才指导我国社会组织开展相关应对工作。在文化领域"一带一路"是个大战略，在与"一带一路"沿线国家开展交流合作的同时，文化交流人才的培养不容忽视。文化交往的核心实际上就是民心相通，社会组织在文化交流方面可以有效淡化政府影响，是政策沟通、设施联通、贸易畅通、资金融通的桥梁。在与国际社会组织交往过程中，教育、文化、旅游、医疗卫生、法律、就业等方面的人才尤其重要，需要我们科学制定培养规划，完善教育机制和实践平台。

---

① 柳建文：《"一带一路"背景下国外非政府组织与中国的国际区域合作》，《外交评论》2016 年第 5 期，第 12 页。

2.4 社会组织人才服务体系的建设的范畴

与其他社会公共主体不同的是，目前的社会组织人才培养问题受到多重内外部条件的共同作用，因此，讨论社会组织人才培养机制不能仅从胜任标准、招募配置、薪酬激励、培训开发或者职业发展等方面单独探讨，需要将其置于特定的社会治理转型中，[①] 社会组织人才服务体系的主要内容就是社会组织人才服务机构的职责和功能，包括人才的开发、培养、使用、激励等各环节产生的各种公共服务需求的集合。社会服务体系建设将通过各种平台、机制和保障措施等使人才服务发挥更大的效力。

具体而言，社会组织人才服务体系建设包括 3 个方面。

（1）社会组织人才公共服务平台的搭建

社会组织人才公共服务平台建设是开展人才服务的基础性工作，该平台对做好人才规划、引进、使用和培养都至关重要。人才公共服务平台包括：人才信息网络服务平台、人才就业公共服务平台、流动人才档案管理平台、引进人才服务平台、项目人才对接平台等。其中人才信息网络服务平台是其他平台的核心和枢纽，是数据汇总、分类和交互的中心。

（2）社会组织人才公共服务机制的健全

服务机制的健全是促进人才公共服务科学化、制度化的重要保障。社会组织人才公共服务的主体和服务对象是各类人才，创

---

① 陈书洁：《治理转型期社会组织专业人才生长机制研究——基于深圳的实践》，《中国社会科学院研究生院学报》2016 年第 5 期。

新人才公共服务机制有助于人才队伍建设、人才自我发展，是人才服务体系建设的重要组成部分。人才服务机制的建设内容包括：健全人才引进机制，通过出台针对性强的引才政策、拓宽人才引进渠道、创造人才引进环境等措施为社会组织的人才吸纳创造条件；强化人才管理机制，通过调动影响人才发挥作用的内在因素和外在因素的管理活动，实现社会组织人才的流动、培养和使用，实现组织目标和人才发展；建构人才评价机制，通过规范体系流程、设置科学评价标准等措施，对社会组织人才的评价提供宏观的引导和指导；建设人才激励和保障机制，通过人才激励和保障政策激发社会组织人才的活力，调动社会组织人才的积极性和创造性，最大限度地发挥人才的潜能。

（3）提供社会组织人才服务的保障

要推进组织机构、服务平台和服务机制的完善，需要在人才服务理念、人才政策体系、服务标准化建设、财政资金投入等方面给予保障。首先，在社会组织中，重视营造"重才、育才、聚才、用才"的人才服务氛围；其次，建立有利于社会组织人才聚集发展、有序流动、发挥潜能的政策制度；再次，制定符合社会组织公益事业的人才服务项目和规则，达到最佳的社会组织人才效益、经济效益和社会效益[1]；最后，探索社会组织人才服务的多元投入机制、人才公共服务社会援助机制等，为人才服务提供财政保障。

---

① 崔清华：《内蒙古人才服务标准化建设初探》，《北方经济》2012 年第 19 期，第 108～109 页。

第三章　发达国家社会组织人才服务体系建设经验与启示

——以德国、美国、加拿大人才服务为例

人才是转变经济发展方式与转型升级的重要支撑。我们应该研究与借鉴德国、美国、加拿大人才协会的先进经验，让全行业形成共识，支持统一、规范、灵活的人才资源服务体系建设，推动人才服务行业法律体系的形成与制定，促进服务转型升级，推动我国从人力资源大国迈向人才资源强国。①

3.1　德国社会组织人才服务的模式与经验

德国是世界上拥有最大规模社会组织的国家之一。德国的社会组织决策能力强、管理水平高、融资能力强、协调能力强、可持续发展能力强，组织体系运转顺畅，制度非常健全，而且有成熟的社会组织专业人才的开发、培养和管理体系。截至 2011 年，德国共有各类社会组织 6 万余家，社会组织与人口比约为 1∶75，

---

① 郭金来：《导向与善治　标准与法治——美国、加拿大人才行业协会研究与启示》，《中国劳动保障报》2014 年 10 月 15 日。

不仅远高于中国的 1∶5400，也高于其他发达国家，如英国的 1∶250、日本的 1∶260。霍普金斯大学研究成果显示，早在 1995 年，德国社会组织的经济总量就已占全国 GDP 的 3.9%，提供了约 144 万个全职工作岗位。再结合志愿因素，德国非营利部门的就业人数可达全国总就业人数的 8%。[①] 与西欧其他发达国家一样，德国社会组织作为处理社会问题的第一助手，社会团体专业人员主要从事社会福利、社会保障、教育等社会福利领域的工作，为德国的经济和社会发展提供了强有力的保障。

（1）完善的人力资源就业预测与规划，准确评估人才的需求

人力资源预测是人力资源管理的起点，是制定人力资源开发规划的依据，人力资源预测是建立在经济、科技、人口、劳动力等发展预测基础上的综合性预测。德国政府高度重视人力资源的预测与规划工作，德国联邦劳动服务局专门负责就业咨询、雇主咨询、保持和促进就业岗位等工作，对劳动力市场以及各种职业进行研究和统计，并定期发布信息。促进各类人员的充分就业，这既有利于降低失业率，实现社会和谐，也有利于把专业人才输送到各行各业有需求的位置，既提高了社会组织人员队伍的素质，又为社会提供了良好的社会服务，促进社会组织的良性发展。

（2）"双元制"职业教育与多元化培训渠道确保人才的专业化

德国约有 3/4 的高等院校在培养各类社会组织人才。在 100 多所综合性大学中，社会组织人才的培养秉承精英式教学理念，高度重视知识转移和学术研究能力的相关基础理论。这 100 多所

---

① 郁建兴、任婉梦：《德国社会组织的人才培养模式和经验》，《中国社会组织》2013 年第 3 期，第 46~49 页。

综合性大学一般不设立社会组织和管理专业，但为德国各社会组织开设了多项尖端和跨学科课程，运送了大量综合人才、社会组织专职人才、社会组织服务的专业技术人才和运营管理人才。另外，德国还有200多所应用科学大学是社会组织专业人才培养的重要依托。德国应用科技大学（Fachhochschule Essligen）形成了一个面向职业的高等教育体系，旨在培养学生的实践技能和独立的职业发展，凸显经济和社会事务领域职业培训的重要性。这些学校的专业目录中都有社会组织应用学科，如社会工作、公共卫生、青少年教育、医疗保健和护理等。应用科技大学的学生将能够在完成本科和硕士学位的同时获得专业资格的认证证书，从而成为直接进入就业市场的合格专业技术工作者。德国发达的职业教育体系为社会组织专业人员的进一步发展和培训提供了广阔的平台，国际领先的"双元制"职业培训是德国教育的秘密武器。

首先，德国"双元制"职业培训为社会组织专业人才建设提供了广阔的平台。德国的"双元制"职业培训采取校企合作模式，由行业协会确定"双元制"教育的时间，在教育期间组织技能考试，并负责考试的整个过程。专业技能人才与用人单位签署培训合同后，约70%的时间在用人单位接受专业实践技能培训，约30%的时间回到职业学院接受理论知识教育，学制为3～3.5年。学生在职业学校的培训费用由国家承担，主要由州政府拨款；"双元制"培训项目中的费用绝大部分由用人单位承担。① 德

---

① 郁建兴、任婉梦：《德国社会组织的人才培养模式和经验》，《中国社会组织》2013
年第3期，第46～49页。

国拥有数以万计的职业培训项目，在一些需专业技能认证的职业领域，发挥了重要的作用。

其次，德国社会组织工作者还可以通过网络渠道获得完善的职业培训信息，包括高等专科学校培训、继续教育项目等。此外，伞状组织为会员提供形式多样的教育和培训。德国社会组织的伞状组织形态从上到下、结构清晰，向会员提供各种再培训资源和培训服务，这也对中国推动中心型社会组织建设具有重要借鉴意义。

（3）全面的社会保障制度为社会组织留住人才提供保证

人才管理不仅要有足够的培训及激励机制，还要有适当的措施加以保护。作为福利国家，为了保证社会的稳定和发展，德国采取立法手段强制推动社会保障项目。到 2008 年，在联邦预算总支出中，社会保障支出（养老金、劳动力市场和专项社会支出）占近 50%。社会组织人才和其他人才同样享受一切人力资源保障。留住人才就留住了社会组织滚滚向前发展的动力，社会组织人才以其良好的专业素养、丰富的专业实践、严格的专业操守，在满足社区居民需要、规划和管理社区服务项目、为社会组织赢得社区声誉和社会认同等方面做出了巨大的贡献。这不仅达到了植根基层、贴近民众、服务社会的目的，也促进了社会组织良好的运行。

（4）"登管分离"为社会组织的运行提供良好的自由度

在德国，社会组织从登记、管理到运行都是分开的，登记到法院，管理归司法，社团自由运行，登记依法、管理有序。政府不主张对社会组织的监管使用"管理"二字，政府对社团的责任只是负责登记，在登记之后，其管理与运行应交由社团自己处理，政府不做过多干预，充分发挥社会组织的自治性。社会组织登记后，包括地方法院等行政机关，基本上不干涉社会组织的行政管理，不设年度检查。因此，"登管分离"是德国社会组织管理体系的重要特征。① 社会组织登记必须受当地法院管理，而且要经过严格的司法程序，同时，对违法社会组织进行处罚的司法程序极为严密。②

此外，德国政府还给予各类社会组织各种优惠的政策措施，促进其正常运行、发展壮大。一是提供财政资助，为了支持社会组织的发展，早在 1961 年，德国就成立了经济合作部，后来改名为德国联邦经济与合作发展部，开始有计划地向社会组织提供资金，构建政府与社会组织合作的框架，支持它们开展各类有利于社会稳定和世界和平的活动。德国社会组织的经费 70% 来自政府，而且大多数由社会组织提供的社会服务被政府购买。二是税收优惠，德国拥有完整的税收政策体系，德国的社会组织按照规定可以享受税收方面的优惠，主要包括对公益组织及其活动的税收优惠及对慈善捐助行为的税收优惠。

总之，德国社会组织的人才预测与规划保证了社会组织发展对人才的需求；教育与培训机制满足了雇员提升工作能力和实现自我价值的需求；福利保障制度确保了社会组织雇员提高生活水平；财政资助和税收优惠为社会组织的发展提供了良好的资金支持。这些举措都充分地调动了社会组织雇员的工作积极性，促进

---

① 廖鸿：《德国社会组织：登记依法，管理有序》，《中国社会报》2008 年 3 月 14 日。
② 廖鸿：《德国社会组织：登记依法，管理有序》，《中国社会报》2008 年 3 月 14 日。

了德国社会组织人力资源的管理与开发，提高了社会组织的服务
效能。

3.2 美国社会工作者协会的人才服务机制

美国是世界上社会工作专业水平和专业组织最发达的国家之
一，但美国政府与社会组织的关系并不是一成不变的，而是经过
了压制、扶持和伙伴关系这三个不同的阶段。美国社会组织的发
展归功于西方传统的慈善精神和志愿意识以及美国社会的自治
传统。

西方的公益慈善不同于中国传统伦理社会中扶贫济困、乐
善好施的传统，其不是一种达而兼济天下的责任担当，亦不同
于传统社会中睦邻友好、慈善亲朋的人伦关怀，而是基于"众
生平等"信念的人道主义和生命关怀，是一种善的义务和对自
我价值的确认方式。美国的非营利组织虽然结构、形态多样，
社会参与日益广泛、深入，面对的社会问题日益复杂、多变，
但一直具有高度的公民民主参与的显著特征，承担着提供大量
社会就业机会的独特功能。特别是 20 世纪 80 年代以后，随着
人们关于政府的扩张可能会对公民自由造成侵害的担忧，美国
保守势力逐渐增强，80 年代初，里根政府实行"自由市场"和
"新政府"，减少对社会团体的财政支持并对个人和企业的慈善
捐款实行免税政策，大大促进了社会团体的独立发展，这一时
期的福利政策改革也给发展带来了新的机遇。与罗斯福新政以
后的联邦社会福利计划不同，里根政府认为，通过"国家改
革"向国家和地方政府转移社会福利计划无法充分覆盖国家和

地方政府，所以购买社会组织的服务成为美国这一时期社会福利实现的主要途径之一。另外，由于政府社会保障的规模和范围有所减少，个人也需要向社会团体购买一些服务，服务收费已经成为社会组织收入的重要来源之一。1977～1996年，社会组织收入的增长速度超过政府资助的增长速度，在公共服务领域的增长率高达69%。[①] 到克林顿和小布什时期，随着新公共管理理念逐渐在美国政坛成为主流，"掌舵"而非"划桨"的概念深入人心，这意味着政府的职责只是"确定问题的范围和性质，然后把各种资源手段结合起来让其他人去解决这些问题"，[②] 社会组织成为其中重要的执行主体之一。这一时期，社会组织的资金来源日益多元化，其对政府的依赖性不断减弱，政府与社会组织之间的行为主要依靠法律合约来规范，两者之间的关系更类似平等的合作伙伴关系，并初步形成我们如今所看到的美国社会组织的基本态势。

但是，美国非营利组织的成功发展不仅归功于慈善精神和志愿意识、社会的自治传统、成熟的市场经济体制和"小政府，大社会"的治理理念，也与其重视人力资源的利用、开发和保护密不可分。

美国社会工作者协会（National Association of Social Workers，NASW）正式成立于1955年，目前是世界上人数最多、最著名和影响力最大的专业组织，其通过行使对内和对外职能支持美国社会工作的开展，为社会工作者提供服务的模式及机制值得借鉴。

---

① 〔美〕奥利维尔·如恩斯等：《为什么20世纪是美国世纪》，新华出版社，2002。
② 〔美〕奥利维尔·如恩斯等：《为什么20世纪是美国世纪》，新华出版社，2002。

（1）规范专业标准和伦理守则，促进社会工作者队伍的专业化

首先，NASW 制定了社会工作者伦理守则（1960 年），加强社会工作者的道德建设，并使其成为美国社会工作专业人员共同认可的专业价值理念、专业理想与社会使命。规定社会工作专业的首要使命是促进人类的福祉，协助人类满足基本人性需求，尤其关注弱势群体、受压迫者及贫穷者的需求和增强其力量。[①] NASW 的社会工作历史传统和形象定位皆着重于促进社会中的个人福祉和社会福祉，其社会工作的基础就是关注那些产生、影响和引发生活问题的环境力量，社会工作者要协同或代表案主来促进社会正义和社会变迁，社会工作者要敏感于文化及种族的多元性，并致力于终结歧视、压迫、贫穷及其他形式的社会不公正。[②] 伦理守则曾经经历 1967 年、1979 年、1990 年、1993 年和 1996 年数次修改，以顺应时代浪潮和社会工作专业服务实践的客观需求。

其次，NASW 制定美国社会工作的实务范围内容、优先领域以及工作方法等。NASW 根据时代发展和宏观环境的变化来调整其服务对象、服务内容、工作方法等。

最后，NASW 持续不断地发展、修订和完善社会工作者的专业资格和能力认证，注重社会工作者的实务工作能力，进而提高协会的整合性、行业性以及专业能力建设。NASW 在培养社会人才和提升其职业能力方面发挥着极其重要的作用。NASW 既是美国社会工作专业人士的主要专业组织，也是美国和世界最著名的

---

① 《美国社会工作者伦理守则》，百度文库，https：//wenku.baidu.com/view/3d7f6ac10c22590102029d87.html，2017 年 2 月 11 日。

② 《美国社会工作者伦理守则》，百度文库，https：//wenku.baidu.com/view/3d7f6ac10c22590102029d87.html，2017 年 2 月 11 日。

职业社会工作者的行业自律组织，拥有世界上最多的社会工作专业人士。NASW 为本科社会工作者和学校社工（专业学校社会工作者）提供专业标准。前者的注册条件为 2 年工作经验，2 ~ 5 年后，拥有"本科社会工作者协会会员"（ACBSW）的注册证书，5 年以上社会组织专职人才将获得专业领域实习资格，如学校社工、临床社会工作者和社会工作管理者。后者指具有硕士学位或博士学位的社会工作者，注册条件为 2 年工作经验，工作 2 ~ 5 年后注册为"总经理或社会工作者专业证书学会成员"（ACSW），工作 5 年以上的人员在专业领域将获得相应文凭。此外，1994 年，NASW 首先建立了文凭临床社会工作者考核制度，形成了多层次的职业社会工作者结构。同时，NASW 一直与美国社会工作教育协会（CSWE）密切合作，专注于专业社会工作者，并将社会工作教育与社会工作结合起来。

（2）通过参与立法、教育宣传等，树立社会工作的专业化形象

一是 NASW 按照美国社会工作者的分类和专业能力的差异，推动社会工作立法和监管。二是 NASW 和美国社会工作教育委员会正在密切合作，着力打造专业化的社会工作者，实现社会工作教育与社会工作服务的融合。三是 NASW 通过社会工作专业服务促进社会教育，塑造社会工作者的专业形象。例如，NASW 于 1982 年专门建立了一个独立的全国性工作机构，其主要职责是开展公共关系活动，发布公共信息，加强与媒体的沟通联系，建立社会工作的专业形象。[①]

---

① 左芙蓉、刘继同：《美国社会工作者协会的历史变迁、结构功能与运作模式》，《社会工作》2007 年第 2 期，第 5 ~ 11 页。

综上所述，NASW 特别强调专业服务能力建设，注重社会工作者的专业形象，注重当地专业服务水平提升和规范化，以及全国专业服务指导方针的有机协调、衔接，特别注意社会工作教育课程认证、社会工作者团队建设和社会工作者专业服务能力建设的一致性，有力地支持了美国社会工作的开展。

3.3　加拿大基于行业协会的社会组织人才模式

加拿大的社会政策经历了萌芽、发展确立和改革调整等不同的时期，从时间上来讲，要晚于英国和北欧诸国，但是发展迅速，所以在世界上的声誉也很高。被加拿大人称为"从摇篮到坟墓"的社会福利制度涉及加拿大社会生活的方方面面，从儿童、成年到老年，各个阶层的人都可通过社会福利来满足其正常的需求。① 高福利制度使加拿大社会稳定和人民生活的压力相对较小。良好的社会政策、优越的自然条件、美丽的自然环境和文化种族的多样性，使得加拿大被认为是世界上最适合人类居住的国家之一。

加拿大的社会政策思想源于英国的《伊丽莎白济贫法》，"二战"后有了迅速发展，从 20 世纪 50 年代开始，加拿大逐步扩大福利立法和福利制度的范围，并且将重点放在普遍性和公平性方面。20 世纪 70 年代，加拿大正式建立以老年保障、失业保险、医疗保障和社会救助等为主要内容的社会福利制度。在经历

---

① 潘记永：《加拿大社会政策研究》，山东大学，2013。

了经济危机与政策调整后，经济全球化给福利国家制度带来了严重的冲击。加拿大政府在财政赤字和"滞胀"威胁下开始收紧金融，社会政策和福利制度也开始向"社会投资国家"转型。政府从提供经济援助、社会服务逐渐转向进行人力资源和教育的功能投资以及人力资本投资，同时将政府与公民的关系进行全面调整，呼吁人民要对社会付出爱心，承担社会责任和义务，真正体现现代社会正义感。

（1）加拿大社会组织的角色和地位

加拿大的社会组织在其经济社会生活中发挥着巨大作用。2003 年，加拿大社会组织的产出占全国 GDP 的 6.8%，还创造了 200 多万个就业机会，有 650 多万名志愿者做了 200 多万个小时的志愿工作。[①] 社会组织的活动分散在许多产业中，它创造了比一些传统的重要产业更大的经济贡献。例如，在加拿大，社会组织对 GDP 的贡献是机动车制造业的 11 倍，是农业的 4 倍多，是矿、油、气开采业的 2 倍以上，是商品零售业的 1.5 倍。在社会组织的产出中，医疗教育占绝大部分份额，占 63%。[②]

社会组织对经济的意义越来越大，甚至创造了"社会经济""社区经济"这样的新名词。社会组织相比政府和企业有其自身优势：一是它们非常灵活，可以根据社会服务需求的变化进行调整，使服务更有针对性；二是它们通常非常接近社区和公众，对公众的需求有更深入的了解，社会组织的员工开展工作更加便

---

① 李培林、徐崇温、李林：《当代西方社会的非营利组织——美国、加拿大非营利组织考察报告》，《河北学刊》2006 年第 2 期，第 71~80 页。

② 李培林、徐崇温、李林：《当代西方社会的非营利组织——美国、加拿大非营利组织考察报告》，《河北学刊》2006 年第 2 期，第 71~80 页。

利；三是运营成本低于政府部门，因为需要降低服务成本，提高服务质量才能获得政府资助；四是确保公共利益目标，不以谋利为目的；五是提供丰富多样的服务，满足多样性和不同特殊需求。在加拿大所有非营利组织中，注册为慈善组织的占56%，而非营利组织中的宗教、医疗、教育等组织，注册为慈善组织的比例就更大，有70%~90%都注册为慈善组织。[①]

（2）加拿大社会组织的特点

一是完备的社会保障体系。加拿大社会工作的发展离不开其相对完善的社会保障体系。加拿大社会保障制度的核心是全面的社会保障政策，包括收入分配政策（养老金、就业和工伤保险、社会救助等）和医疗服务政策（住院医疗保险和其他社会保障、服务政策，对残疾人、儿童的服务等项目），社会保障立法是确保加拿大社会保障政策执行和顺利实施的重要条件。

二是独特的社会工作管理体制。作为联邦国家，加拿大政府没有专职的社会组织管理机构，由各省独立承担管理职责。省议会通过的《社会工作者法》规定了社会组织的主管部门。省社会组织（也称社会工作者协会）的主要职责包括：①了解当地社会工作信息和工作条件，向成员提供咨询服务；②向公众推广社会政策，促进社会改善政策；③提高社会服务水平等。[②]社会工作协会有全职员工编制，其他会员也会利用业余时间帮助完成大量的工作。社会工作者协会由各地分会选出的理事组成理事

[①] 李培林、徐崇温、李林：《当代西方社会的非营利组织——美国、加拿大非营利组织考察报告》，《河北学刊》2006年第2期，第71~80页。

[②] 文雅、Wendy Thomson：《加拿大社会工作的发展、现状及挑战》，《社会工作》2014年第1期，第81~91页。

会，理事会选出理事长。《社会工作者法》授权专门部门负责社会工作投诉和资格的登记和处理工作。社会组织专职人才由省政府任命，由社会工作者协会选定（根据联邦和省级法律不同而有区别）。社会工作者只有在注册后才具有"注册社会工作者"的资格。

三是较高的职业门槛和社会地位。在加拿大，合格的社会工作者必须具备良好的沟通能力，需要心理学、人类学和咨询的基础知识。社会工作者的入职标准因省而异。在学历要求上，大多数省份要求加入社会工作组织或成为注册社会工作者需要受过专业本科教育。在从业人员的素质上，有些省份的社会工作者登记是强制性的，只有注册的人才可以称为社会工作者，开展社会工作服务；有些省份要求社会工作者在工作前需要认证，也可以选择注册后成为注册社会工作者。每个省份的《社会工作者法》规定了社会工作者登记的具体条件，尽管不同，但一般包括：认证社会工作机构的工作时间、通过具体测试、性格要求、工作或实践推荐信、无犯罪记录等。另外，社会工作者作为一个职业，受政府和社会普遍关注，良好的社会信誉使其被许多机构和部门列为可作担保人或保证人的职业之一。注册社会工作者一般从事社会组织中的专业和管理工作，薪资与公务员相当，高于同等资格的一般从业人员。

四是社会工作服务的专业化和多样化。加拿大社会工作服务的专业化和多样化主要体现在两个方面。第一，社会工作者的专业背景和专业职位。社会工作者经常接触不同的案件，需要丰富的法律、心理和护理知识及人际关系技能，拥有适应工作场所的技能和实现任务目标的能力。第二，服务内容和服务机构的广泛性。社会工作服务已经渗透到加拿大社会的所有领域，从老年人、妇女、儿童、残疾人的福利保障、健康和药物到教育和社区发展等，得到了社会和公众普遍欢迎和承认。与此同时，社会服务需求多样化，推动了大量社会组织服务机构的发展，其中除政府部门设立外，还有许多非政府组织（包括基金会、宗教团体、公益机构）。

五是全面、完备的社会工作教育体系。加拿大的社会工作教育和培训体系比较完备，主要分为专业教育、继续教育和职业培训三类。其中，专业教育学位有社会工作学士（BSW）、硕士（MSW）和博士（DSW）三个层次。另外，在一些专门领域，比如管理和评估研究，有些大学还提供继续教育课程和证书。[1]

大学的社会工作专业要求和课程认证由加拿大社会工作教育学会管理，要求学生在本科一级完成至少 700 小时的实习，其中 50% 以上的课程包括社会政策，社会工作实践，社会工作研究方法，原住民社会工作，儿童、老年人、残疾人福利等社会工作课程。如果 BSW 本科毕业生申请 MSW 学位，可以选择一年制课程，如果本科学位不是 BSW，则需要学习 2 年的课程。当 MSW 学位课程完成时，BSW 学位的学生可以选择完成 450 小时的实习或完成论文，同时完成 36 小时的社会工作课程。[2] 从统计数据的角度来看，社会工作硕士学位获得者比拥有本科学位的人员更有可能担任主管或督导职务，而且在更复杂的领域工作，比如

---

[1]　文雅、Wendy Thomson：《加拿大社会工作的发展、现状及挑战》，《社会工作》2014 年第 1 期，第 81～91 页。
[2]　文雅、Wendy Thomson：《加拿大社会工作的发展、现状及挑战》，《社会工作》2014 年第 1 期，第 81～91 页。

为受到家庭暴力的妇女和严重精神病患者提供服务。社会工作博士研究生招生通常要求申请人在获得 MSW 后有 3 年以上的工作经验。社会工作博士学位获得者主要从事研究工作。一些学校要求学生学习相关的教育理论、课程设计和其他相关课程，并确保学生有机会获得实习教学经验，因为许多博士学位获得者将在大学任教。博士学位的核心课程包括研究方法、定量和定性数据分析以及认识论。在加拿大的联邦体系下，各省负责本地区的社会工作教育和培训，而加拿大社会工作教育学会负责向大学颁发 BSW 学位和 MSW 学位对应的社会工作资格认证，同时它也负责出版社会工作学术刊物，每年组织全国性的专业论坛或研讨会。

（3）加拿大社会工作具体案例分析——以行业协会为例

在加拿大所有社会福利和社会指导政策中，它的职业教育举世瞩目，而在成效显著的职业发展背后，行业协会的参与及协调发挥了重要的作用。加拿大大约有 3 万个行业协会，其中产业类协会占总数的 40%。在这些行业协会中，有很多在不同领域具有专业、见解独到的专家，既能够为政府制定政策提供相应的咨询，又能将这些政策实践到相应的行业中，为企业提供相应的服务。为了提升加拿大不同行业劳动力的技术质量、推进技术革新，1997 年，加拿大成立了由 23 个行业协会组成的行业协会指导委员会。该委员会的领导机构为秘书处，运转费用由加拿大人力资源部资助。

①参与职业教育教学大纲的制定。加拿大社区学院教学大纲制定过程先后经过了从教育专家到行业专家指导的转变，行业协会及其选择的企业代表在职业教育课程教学大纲制定过程中处于主导性地位。行业协会负责向社区学院提供最新的课程内容，使

得社区学院的课程内容可以跟上企业技术的进步。这种参与模式很好地把握了能力本位职业教育的实质。

②以培养学生能力为目标设置课程。加拿大的行业协会来自不同的行业，在不同行业的职业教育课程设置中，发挥着重要的作用。很多课程的设置从社会实习需求出发，与用人单位合作。加拿大建筑行业协会在设置课程的过程中，会充分考虑市场、职业与教育。市场调研的内容包括：企业岗位的设置，近三年企业招聘各岗位适用过程中遇到的困难及其原因，未来三年企业招聘计划，新进人员的技能培训及需要强化的专业知识。根据这些调研情况，相关的委员会制定相应的能力分析表。参与该项计划的企业代表都是从相应岗位上挑选出来，具有全日制的优异工作能力，良好的口头表达能力，并能全身心投入到课程设置过程中。

③引导开设培训课程。加拿大行业协会注重协调公司企业、社区机构、政府部门与社区学院签订合同，社区学院根据企业、公司、社区机构及政府部门的需要开设相关的职业课程及培训。加拿大行业协会也注重向社区学院提供培训课程内容，以使得社区学院的教学与企业技术相匹配。由于行业协会提供的课程已经被很多企业接受，社区学院如今更倾向于与行业协会合作。在这个过程中，学院的学生和企业的员工得到了最大的利益，他们用较少的费用和时间提高了技能。

④对相关培训进行成绩鉴定。20世纪60年代，加拿大证券牵头构架了一种行业协会、企业、社区学院共同参与的培训制度，这种制度的特点是应用知识和企业技能培训同时进行。为了保证职业技术人才的培训质量，政府明文规定了职业培训机构的

准入机制和资格认证标准，明确了政府、行业协会、职业培训机构担负的职责。加拿大行业协会主要对培训的成绩进行鉴定。在培训期间，学员需要在培训教师的指导下接受相应的培训。培训期满后，行业协会对培训成绩进行鉴定，社区学院根据相应标准，对学员的技能掌握程度进行评判，成绩合格者会获得相应的证书。社区学员就业指导中心则对培训学员提供专业咨询和就业指导。

⑤建立职业认证体系。加拿大对劳动者就业采取严格的准入制度，接受职业教育并获得相应的资格证书是进入劳务市场的前提。各行业协会负责制定不同行业的职业认证体系与资格标准。行业协会将各自的职业认证体系与社区学院职业教育密切结合，强化职业教育课程对学生的吸引力。有了这一套严格的准入制度，社会对社区学院授予的职业教育资格证书具有较高的认可度，在一个省份取得职业资格证书的人，同样可以在其他省份获得认可。在一个社区学院获得学分，若转到其他省份的社区院校，相应学分也会被认可。

⑥提供技术以推动职业教育国际化。行业协会根据不同行业的技术，让相应的毕业生在职业培训期间获得最新的技术培训。如加拿大的汽车维修行业协会向社区学院转让新技术设备，使得社区学院的培训生可以接触最新的企业生产技术。为了保证教学质量，汽车维修行业协会以奖学金的形式培养本行业需要的专门人才。同时，行业协会根据相关的法律规定，维护相关行业员工的利益，相应的培训教师需要不断提高自己的知识和技能。行业协会还注重与其他国家职业教育的联系，促进相应的合作。

3.4　发达国家社会组织人才服务模式的对比
——以德国、美国、加拿大为例

通过对上述德国、美国以及加拿大三个国家社会组织人才服务模式的总结，我们进行以下对比（见表 3 - 1）。

表 3 - 1　德国、美国、加拿大社会组织人才服务模式对比

项目	德国	美国	加拿大
国家角色	政府牵头专门负责就业咨询、雇主咨询、保持和促进就业岗位等工作		
市场关系		非营利组织的成功发展主要归功于美国成熟的市场经济体制	使得社区教育适应经济发展的要求，进行准确的市场定位
行业协会的功能	行业协会确定"双元制"教育的时间，在教育期间组织技能考试，并负责考试的整个过程	制定了社会工作者伦理守则（1960 年），加强社会工作者的道德建设，并使其成为美国社工人员共同认可的价值观、理想与使命	
人才培训	德国"双元制"职业培训，以及通过网络渠道获得完善的职业培训信息，包括高等专科学校培训、继续教育项目等	美国社会工作者协会与美国社会工作教育委员会密切配合，共同关注专业社会工作者的专业化问题，从而实现社会工作教育与社会工作服务的整合	加拿大建筑行业协会在设置课程的过程中，会充分考虑市场、职业与教育；根据不同行业的技术，使毕业生获得相应的培训

续表

项目	德国	美国	加拿大
制度保障	采取立法手段强制推动社会保障项目	协会根据美国社会工作者层次类型分类和专业能力差异,推动社会工作立法和规管工作	
相关评估与认证	拥有数以万计的职业培训项目,特别是在一些需专业技能认证的职业领域,发挥了重要的作用	协会持续不断修订和完善社会工作者的专业资格和能力认证,注重社会工作者的实务工作能力	对劳动者就业采取严格的准入制度,接受职业教育并获得相应的资格证书才能进入劳务市场

3.5 国外经验的总结及对我国启示

从国外经验看,社会组织专职人才和社会组织服务的专业技术人才主要靠行业协会进行管理,如医师协会、建筑师协会等,这些协会对职业资格管理、继续教育、职业道德、业绩考核、从业要求等都有非常严格、规范的管理。

目前,就我国社会组织专职人才和社会组织服务的专业技术人才的服务来看,社会组织利用现有资源组织各种资格培训、考试等,以获取必需的经费,社会组织专职人才和社会组织服务的专业技术人才很少感受到社会组织如协会对他们的支持和服务,无法获得社会组织提供的国际化交流培训平台机会,人才遇到问题也往往采取个体解决方式,成本很高且存在信息不对称,影响了他们的权益维护,等等。从根本上看,政府、企业与社会组织在权益机制上没有理顺,没有明确谁应当拥有何种权利以构成合理的生态平衡关系并保证社会健康运行。

2015 年 7 月，中共中央办公厅、国务院办公厅关于《行业协会商会与行政机关脱钩总体方案》执行，按照党的十八大和十八届二中、三中、四中全会精神关于加快形成政社分开、权责分明、依法自治的现代社会组织体制的要求，要坚持社会化、市场化改革方向，坚持法治化、非营利原则，坚持服务发展、释放市场活力等原则，借鉴国际先进经验，在服务社会建设中强调社会组织主体地位，加强社会组织人才建设，建立社会组织人才服务体系，实现社会组织参与社会治理能力的现代化。

第四章　我国社会组织人才服务体系建设现状分析

4.1　我国社会组织人才发展的现状

本书所指社会组织为在民政部门注册登记的社会组织，包括社会团体、基金会和民办非企业单位。对我国社会组织人才发展现状的描述也将主要针对这三类社会组织进行，其中，对社会团体人才发展现状的研究，将以学会（中国科学技术协会所属科技社团）为例①，对其的统计是建立在 2013 年对 200 家学会的调研数据基础上的；对基金会和民办非企业单位社会组织人才的现状研究基于 2013 年的明德公益研究中心对当前公益人才发展现状的调研数据。②

中国科学技术协会由全国学会、协会、研究会和地方科协四个方面组成，组织系统主要覆盖自然科学学科以及相关的产业部门，其主要功能包括：第一，在我国及国际范围内开展学术领域

---

① 清华大学公共管理学院非政府管理（NGO）研究所主编《中国科协全国学会发展报告（2013）》，中国科学技术出版社，2014。
② 明德公益研究中心：《中国公益人才发展状况研究报告》，2013。

相关交流，促进科学技术进步；第二，负责学术伦理与道德的监督，维护科学领域的研究导向；第三，开展科技推广，提高全民科技认知水平，开展青少年科技教育的普及工作；第四，反映基层科技从业者的建议、意见和诉求，维护其合法权益；第五，推动建立和完善科学研究诚信监督机制，促进科学道德建设和学风建设；第六，组织科学技术工作者参与国家科学技术政策、法规制定和国家事务的政治协商、科学决策、民主监督工作；第七，开展科学论证、咨询服务，提出政策建议，促进科学技术成果的转化；第八，接受委托承担项目评估、成果鉴定职责，参与技术标准制定、专业技术资格评审和认证等工作；第九，开展民间国际科学技术交流活动，促进国际科学技术合作，发展同国外的科学技术团体和科学技术工作者的友好交往；第十，开展继续教育和培训工作，兴办符合中国科学技术协会宗旨的社会公益性事业。

调查的样本包括全国范围内的公益组织，采取随机抽样的形式，最终抽出的样本的分布也基本上符合目前全国公益组织在不同地域的发展程度，通过问卷调查，以及访问员实地或电话进行访谈，最后回收的基金会人才数据是建立在2063份有效问卷的基础上的，公募基金会占51%，非公募基金会占49%；民办非企业单位人才数据是建立在223份有效问卷的基础上的，均具有一定的代表性。

从人才来源、人才结构、人才发展、人才激励及保障机制4个大方面，具体事项包括11个小方面，对数据进行分析。

第一，社会组织人才来源情况，包括学会人才来源情况、基金会人才来源情况、民办非企业单位人才来源情况3个小方面。

第二，社会组织人才结构情况，包括学会人才结构情况、基金会人才结构情况、民办非企业单位人才结构情况3个小方面。

第三，社会组织人才发展情况，包括学会人才发展状况、基金会人才发展状况、民办非企业单位人才发展状况3个小方面。

第四，社会组织人才激励及保障机制，具体包括基金会人才激励及保障机制情况、民办非企业单位人才激励和保障机制情况2个小方面。

4.1.1 社会组织人才来源情况

（1）学会人才来源情况

从人才来源渠道上看，学会专职人员主要还是通过"社会招聘"来引进，66.6%的学会通过社会招聘的方式招募人才。同时学会专职人员来源渠道还包括挂靠单位调入、应届毕业生、军转干部等。通过"挂靠单位调入"的方式招募人才的学会也比较多，占56.8%。值得注意的是，"应届毕业生"的占比亦不低，达到46.3%，这说明近年来学会对于优秀专业毕业生的需求量大，同时对专业水平要求比较高（见图4-1）。

（2）基金会人才来源情况

调研结果显示，基金会专职人员进入目前工作单位的方式与学会相比有很大不同。首先，"内部人员推荐"所占的比例最大，占32.48%。这说明目前基金会由于需要一定的工作经验以及专业能力，通过"社会关系网"招募人员成为当前的一个主要趋势（见图4-2）。

其次，"网上招聘"占28.99%。互联网招聘在基金会的人才招募中居第二位，网上招聘也属于社会招聘的一种类型，借此

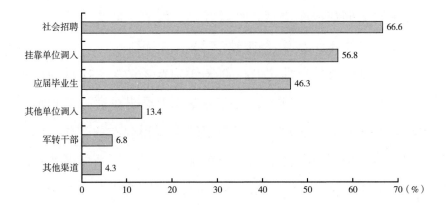

图 4 - 1 学会专职人员来源情况

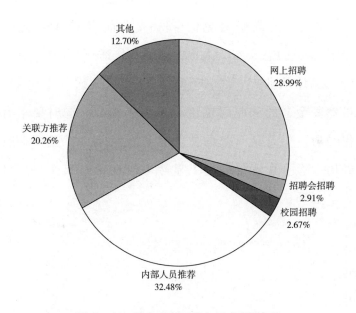

图 4 - 2 基金会专职人员来源情况

我们可以看到，目前无论是学会还是基金会，进入渠道都属于相对开放式的，"任人唯贤"才可以更好地促进当前行业整体人才水平的提升。

最后，"关联方推荐"占 20.26%。关联方推荐与内部人员推荐基本上同属一个类型，可以看出，借助"社会关系网"进入行业的比例合计为52.74%。

而通过校园招聘进入的比例最低，为2.67%，次低为招聘会招聘，占2.91%。可见，基金会专职人员很少通过两种传统的招聘方式（校园招聘、招聘会招聘）获得现在的工作，二者总和仅占5.58%。基金会人才来源主要是社会关系网等非正式关系的推荐，而以传统的招聘方式获得的人才较少。这可能与当前基金会对于人才专业性以及信任度要求比较高有一定关系。

此外，有过企业工作经历的人是基金会员工的主要来源，有1331人次，占调研对象的43.6%。而有过基金会或其他NGO工作经历的总共432人次，只占14.2%（见图4-3）。拥有政府或媒体从业经历的亦不多，有556人次，占比18.2%。可见虽然基金会的从业门槛相对来说比较高，同时要求有一定的工作经历，但是其人才的从业背景较为集中，且多拥有企业从业经历。有企业背景的员工显然可以在日常工作中更好地完成基金会各项工作。

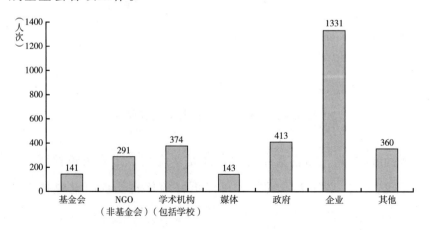

图4-3 基金会专职人员从业背景

　　而从图4－3中还会发现一些问题，基金会作为以公益性质为主的社会企业，如果招聘更多的有企业背景员工，势必会使得其组织运转更加商业化与市场化，这反而会影响基金会最本质的性质——为提升人民群众的福祉提供资金支持，更多企业经营管理逻辑加入其中，虽然可以使得基金会的工作效率提升，使企业受益增加，但就全社会的居民福祉的提升来说并不见得有什么正向效果。

　　（3）民办非企业单位人才来源情况

　　根据调研，民办非企业单位专职人员进入目前工作单位的方式以内部人员推荐居多（如图4－4）达到57人次，占调研人数的29.4%；其次为网上招聘，占比为23.7%。关联方推荐亦较多，占比17%。由此可见，在民办非企业单位人员招聘中，应聘者通过个人社会关系网络（如内部人员推荐和关联方推荐）进入的人次较多，占比合计46.4%。而通过网上招聘为有资格的从业者提供一个平等的进入门槛也是民办非企业单位最重要的人员来源之一。

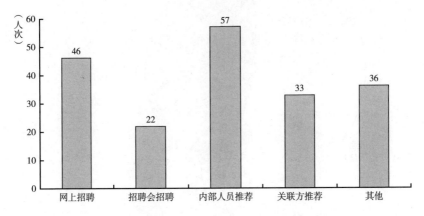

图4－4　民办非企业单位专职人员来源情况

不可否认的是，目前民办非企业单位的人才引入基本上还是依靠社会关系网——"内部人员推荐"与"关联方推荐"的方式，由此可见，这个领域对于从业者的专业属性以及从业者能够获取多大的信任非常重视。通过招聘会招聘合适的毕业生的比例最小，可以看到，从教育体制、毕业生认知及相关能力来看，民办非企业单位的用人倾向等都不利于应届毕业生进入该行业工作。

这就为我们未来高校毕业生的就业引导提供了一个可以参考的路径，以更好地将社会企业的需求与学校培养模式及毕业生的认知与技能型塑结合起来。

从民办非企业单位人员的从业背景看，与基金会有类似的现象，将近70%的人在加入民办非企业单位之前都有过其他从业经历，且行业类别较广泛（见图4-5）。有企业工作经历的人员

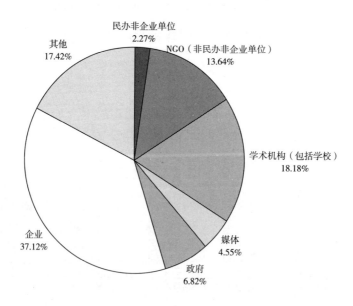

图4-5 民办非企业单位工作人员从业背景

是民办非企业单位人员的主要来源，占调研对象的 37.12%。有民办非企业单位或其他 NGO 工作经历的人员约占 15.9%，占比较有企业工作经历的人少。

这也同样会导致与上文中提到的基金会类似的问题，产生市场化与商品化倾向。这对我们政府未来在政策制定层面更好地将社会企业的需求、学校培养模式以及毕业生的认知与技能型塑结合起来指明了努力的方向。

（4）社会组织人才来源情况小结

整体看，社会组织人才来源方式比较单一，学会通过社会招聘和挂靠单位调入的人员最多，基金会和民办非企业单位更多是通过社会关系网推荐的方式招募人才，这主要是由于基金会和民办非企业单位在国内的发展历史较短、组织规模不够大、社会影响度不够高，从而其人才来源更多依赖非正式的关系。而学会在中国发展历史较长、发展较为成熟、社会影响相对较大，故而会有更多的人才通过社会招聘或单位推荐等更为正式的方式进入。就从业背景看，由于社会组织行业门槛较低，对从业人员专业性要求不高，从其他行业跨界到社会组织工作相对比较容易，基金会和民办非企业单位中均有约 40% 的调研对象曾经有过在企业的工作经历，而从政府跨界到社会组织的比例相对比较低。

具体总结起来，社会组织人才来源的特征有以下几点。

第一，以社会关系网作为主要信息与人才交换的渠道。

第二，商业化与市场化倾向比较严重。

第三，对于经验及信任程度的要求比较高。

第四，高校在培养模式方面还存在可以提高的空间。

4.1.2　社会组织人才结构情况

（1）学会人才结构情况

从学会专职人员的学历情况看（见图4-6），具有本科学历的人数最多，占52.2%，研究生及以上学历占22.7%，拥有大专学历的占20.9%，高中及以下学历仅占4.2%。拥有本科及以上学历的人员占比总计74.9%，可见学会人才普遍受教育程度较高。

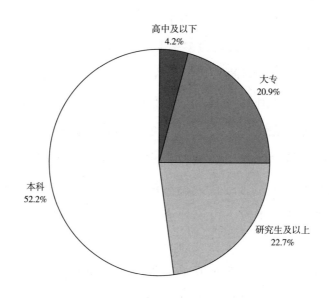

图4-6　学会专职人员学历结构

由此可以看出，学会当前有近1/4的专职人员拥有研究生及以上学历，几乎95%以上的专职人员拥有大专及以上学历，这充分说明了当前学会从业群体的整体文化素质比较高，尤其是拥有较高学历的人才比重大。

此外，从学会专职人员年龄结构统计来看（见图4-7），30

岁以下的占 19.5%，31～40 岁的占 23.4%，41～50 岁的占
28.2%，51～60 岁的占 20.4%，60 岁以上的占 8.5%。

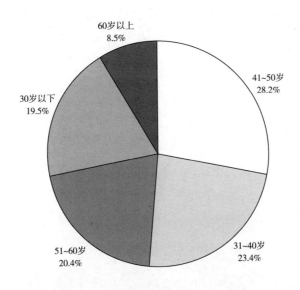

60岁以上
8.5%

41~50岁
28.2%

30岁以下
19.5%

51~60岁
20.4%

31~40岁
23.4%

图 4-7　学会专职人员年龄结构

各年龄阶段分布相对较为均匀，尤其以青壮年工作者为主，
年龄分布最多的两组为：41～50 岁的占 28.2%，51～60 岁的占
20.4%。学会人才结构处于较为稳定的状态，人才的更新替代速
度较为固定，31～40 岁的占 23.4%，41～50 岁的占 28.2%。人
员结构可以在一定程度上反映学会发展的成熟度。但目前 30 岁
以下的社会组织专职人员占比略微偏小，未来有可能存在社会组
织专职人员更替的困境。

（2）基金会人才结构情况

从基金会专职人员学历调研情况看（见图 4-8），拥有本
科学历的人数最多，占 57.54%；拥有硕士学历的占 26.18%，
另外接受专业硕士学历教育（MBA、MPA）的占近 3%；拥有

博士学历的占 0.82% 。接受大学及以上教育的人员占全体调研对象的 87.45% ，大专和高中及以下学历的人员仅占 12.56% 。可见，基金会专职人员受教育程度普遍较高，其受教育水平甚至超过了学会，尤其体现在硕士、博士和本科学历人员的比例上。

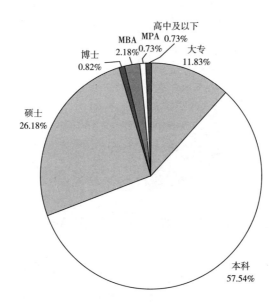

图 4-8   基金会专职人员学历结构

此外，基金会专职人员在加入基金会之前的从业时间大部分较短（见图 4-9），有 3 年以下短期从业经历的共 1852 人次，约占六成，有 10 年以上工作经历的只占 12.9% 。可见，进入基金会的人员大多数为之前从业时间在 3 年及以下的年轻人才。

基金会在我国出现的时间比较短，尤其是近几年刚出现爆发式的增长，基金会从 2000 年的没有正式注册机构发展到 2015 年的 4784 家，从业人员工作时间比较短的情况与其行业的发育程度有一定关系。

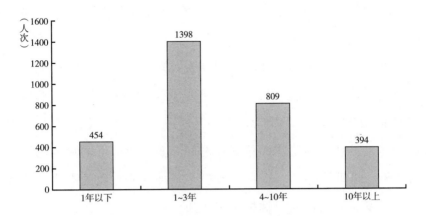

图 4 - 9 基金会专职人员之前的从业时间

（3）民办非企业单位人才结构情况

从民办非企业单位人才的受教育情况看（见图 4 - 10），拥有本科学历的人数最多，占 48.17%；有硕士学历（包括 MBA）的约占 13%；有博士学历的占 0.52%。接受大学及以上教育的

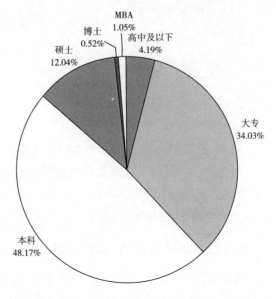

图 4 - 10 民办非企业单位专职人员学历结构

人员占全体调研对象的 61.8% 。大专学历约占 34% ，高中及以下学历的人员约占 4.2% 。

此外，从民办非企业单位专职人员在目前工作岗位的就业时间看（见图 4 - 11），工作 1 ~ 3 年的员工占 35.45% ，工作 4 ~ 10 年的占 34.92% ，工作 10 年以上的占 13.76% 。民办非企业单位专职人员在目前工作岗位就业时间在 3 年及以下的总占比约为 51.3% ，可见民办非企业单位有较多新加入此行业的人才，该行业近期发展较为迅速，规模扩张较快。

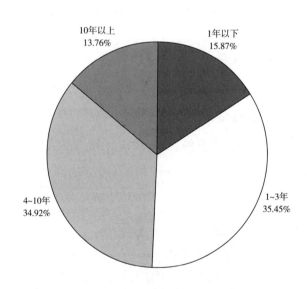

图 4 - 11 民办非企业单位专职人员在目前工作岗位的就业时间

（4）社会组织人才结构情况小结

整体看，社会组织人才受教育程度较高，本科及以上学历的专职人员占比均超过 50% ，高中及以下学历的人员占比很小，体现了社会组织人才整体的高学历。同时，从就业时间和年龄结构看，社会组织人才普遍年轻化，就业时间在 10 年以下的社会组织人才占很大的比例。

4.1.3 社会组织人才发展情况

（1）学会人才发展情况

根据 2013 年的调查（见图 4-12），学会专职人员接受培训的渠道呈现多元化趋势，98% 的学会专职人员均参加过培训工作，超过 90% 的学会专职人员曾接受过中国科学技术协会（科协）的培训，没有参加过任何培训的学会专职人员仅占 2%。同时培训渠道呈多元化趋势，通过其他渠道参与培训的有 43.2%。

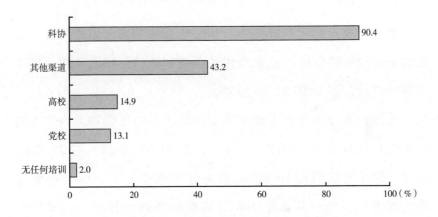

图 4-12 学会专职人员接受培训的渠道

（2）基金会人才发展情况

调研数据显示（见图 4-13），有 65.54% 的基金会专职人员在职期间接受过继续教育或专门培训。可见，基金会专职人员在其职业生涯中能够得到继续学习和深造的机会还是比较多的。这说明目前基金会行业对于员工的专业水平要求越来越高，同时也说明入职前的教育与培训还有很多可以提升的地方。

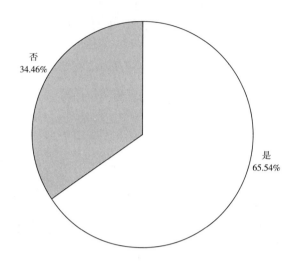

否
34.46%

是
65.54%

图 4 – 13　基金会专职人员接受培训情况

未来在政府的管理服务中，基金会人才培训市场的监管，就业者合法权益的保障、基金会相关企业利益的保护以及相关培训市场的规范，都是可以关注的领域。

此外，基金会专职人员在职期间所接受的社会培训内容多集中在项目管理方面（见图 4 – 14），有 719 人参加，占 25.8%，此外，领导力培训占 19.8%，财务管理培训占 11.1%，行政管理培训占 10.8%，基本集中在管理类的培训项目上，而媒体传播、市场营销等项目的培训相对较少。

（3）民办非企业单位人才发展情况

民办非企业单位专职人员调研数据显示（见图 4 – 15），有 81.42% 的人员在职期间接受过继续教育或专门培训。可见，民办非企业单位专职人员在其职业生涯中能够得到继续学习和深造的机会还是非常多的。

与基金会一样，一方面，行业迅速发展，对于从业者的业务

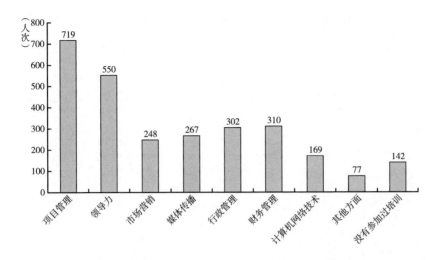

图 4-14 基金会专职人员接受的社会培训情况

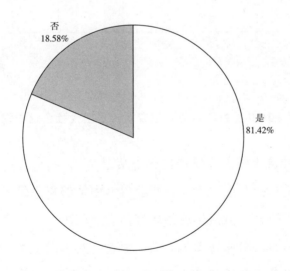

图 4-15 民办非企业单位专职人员接受社会培训情况

水平要求越来越高；另一方面，未来在政府的管理服务中，对于人才培训的市场监管，保障就业者的合法权益、保护相关企业的利益以及规范相关的培训市场，都是可关注的领域。

此外，民办非企业单位专职人员在职期间所接受的社会培训内容，多集中在项目管理和领导力方面（见图 4 - 16），分别有 54 人次和 50 人次参加，占 24.1% 和 22.3%；财务管理占 14.7%，行政管理占 11.1%。培训基本集中在管理类的培训项目上。

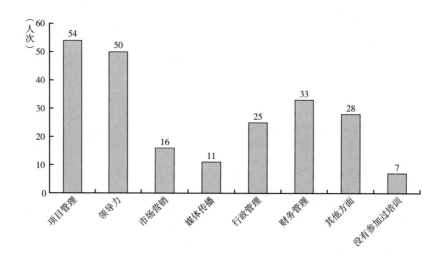

图 4 - 16　民办非企业单位专职人员接受社会培训情况

（4）社会组织人才发展情况小结

整体看，社会组织人才在职业生涯中能够得到继续学习和深造的机会比较多，但是接受的培训内容比较单一，多集中在项目管理、领导力、财务管理等方面，缺乏针对不同层次、领域的社会组织专职人才培训需求的调查，无法满足组织成员的个体需求。同时，社会组织人才接受专业教育培训的机会比较少，获得专业资格证书的比较少，社会组织人才专业化程度不足。

通过上述研究分析之后，我们可以总结出以下几个特征。

第一，当前社会组织的人才培训需求比较大，主要是因为行业发展速度较快。

第二，未来政府的管理服务应重点关注社会组织人才培训的市场监管、保障就业者的合法权益、保护社会组织相关企业的利益以及规范相关的培训市场。

4.1.4 社会组织人才激励及保障机制

（1）基金会人才激励及保障机制情况

根据调研，过去3年以来，基金会专职人员获得晋升机会不多，其中一半以上的员工没有得到晋升（见图4－17），占62.43%；获得1次晋升的比例亦不高，仅为26.85%；获得2次晋升的比例为9.26%；获得3次晋升的比例仅为1.45%。从职业流动的内部上升通道来看，在3年内获得晋升的可能性并不大，共占37.56%。

此外，根据调研（见图4－18），从一般专职人员升迁到中

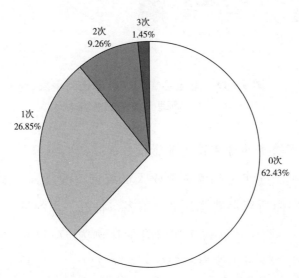

图4－17 过去3年基金会专职人员获得职务晋升的情况

层管理人员所需的工作年限看，需要 3 年的所占比例最大，为 29.96%；其次则为没有年限要求，为 27.48%。选择 1 年的比例最低，只有 2.91%；次低为 4 年，占 4.17%；而选择 5 年以上的比例接近 1/5，为 18.71%；选择 2 年的为 16.77%。可见，从一般专职人员升迁到中层管理人员所需的年限来看，1 年的概率与 4 年相近，2 年的概率与 5 年以上相近。

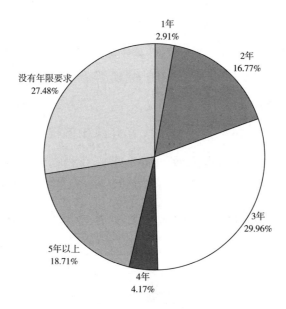

图 4-18　基金会专职人员升迁到中层
管理人员的工作年限

（2）民办非企业单位人才激励和保障机制情况

根据对民办非企业单位专职人员统计（见图 4-19），员工在过去 3 年内所获得的晋升机会不多，将近一半的员工没有得到晋升，占 48.23%；获得 1 次晋升的比例为 37.59%；获得 2 次晋升的为 9.22%；3 次为 3.55%；4 次及以上为 1.42%。即使在过去 3 年内获得晋升，绝大多数也只能获得 1 次晋升。因此我们发现，过去3年中，有近四成员工获得了1次晋升，有五成以上的员工获得了1次及以上的晋升，因此，行业内流动处于比较均衡的状态，这也反映了行业成长与扩张比较健康。

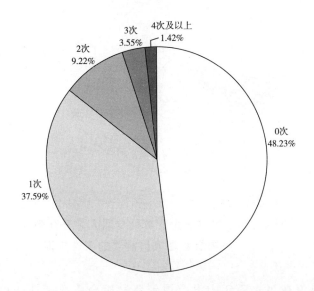

图4-19 民办非企业单位专职人员过去3年职务晋升次数

此外，根据调研（见图4-20），28.21%的民办非企业单位员工从一般专职人员晋升到中层管理人员没有年限要求；需要2年工作经验的比例较高，占25%；需要3年工作经验的占17.95%；需要4年（占7.05%）和5年以上（占7.69%）的比例相当。可见，除没有年限要求的单位以外，一般情况下，从一般专职人员晋升到中层管理人员需要2～3年工作经验。

（3）社会组织人才激励及保障机制情况小结

由于没有获得学会的人才晋升统计，因此，对于社会组织人才激励及保障机制的统计分析主要参考基金会和民办非企业单位的情况。整体看，社会组织人才获得的晋升机会比较少，约一半

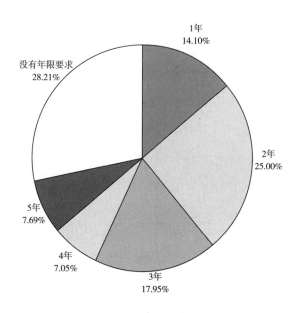

图 4 - 20　民办非企业单位专职人才升迁到
中层管理人员需要的工作年限

的受访对象在过去 3 年中没有得到晋升机会，显示社会组织人才上升通道比较缺乏，没有对员工形成足够的激励。此外，根据相关研究，① 社会组织人才离职的两个最主要原因为工资报酬低和缺乏成长机会，而无论是基金会还是民办非企业单位，员工若离职仍然选择去非营利机构的比例均很高。

　　总体来说，社会组织人才激励与晋升特点有以下几点。

　　第一，总体上看，社会组织人才获得的晋升机会一般。

　　第二，从晋升速度来说，受益于行业的快速发展，从基层到中层的机会相对比较多。

---

　　① 《基金会财务的三重困境》，《公益时报》2013 年 3 月 26 日。

4.2　我国社会组织人才服务体系的现状及问题

4.2.1　社会组织人才服务规范化建设渐具雏形与权威性法规体系建设滞后并存

有关部门颁发了部分社会组织专业人才的指导性文件、行业规范以及道德指引，但整体法律法规体系尚需完善。为了促进公益慈善人才队伍的专业化建设和发展，民政部已经发布了多项关于社会组织专业人才的指导性文件。首先，民政部于 2011 年发布了《全国民政人才中长期发展规划（2010～2020 年）》，为民政人才的发展设立了整体目标和规划，在此基础上，民政部分别于 2012 年和 2013 年发布了《社会工作专业人才队伍建设中长期规划（2011～2020 年）》和《中国社会服务志愿者队伍建设指导纲要（2013～2020 年）》，明确了社会组织专业人才的培养目标。此外，在具体的行业资格认证方面，民政部颁发了《社会工作者职业水平评价暂行规定》、《助理社会工作师、社会工作师职业水平考试实施办法》以及《社会工作者职业水平证书登记办法》等，对社会工作者的任职资质等进行了具体的规定。在行业标准方面，相关部门也出台了《儿童社会工作服务指南》《社会工作服务项目绩效评估指南》等社工行业标准。在职业道德引导方面，民政部也出台了关于社会工作者职业道德的指引。

值得一提的是，2011 年 11 月 8 日，中央组织部、中央政法委、民政部等 18 个部门和组织联合发布了《关于加强社会工作专业人才队伍建设的意见》（以下简称《意见》）。这是中央第一个关于社会工作专业人才的专门文件，是当前和今后一个时期全国社会工作专业人才队伍建设的指导性纲领，在我国社会工作事业发展史上具有里程碑意义。《意见》认为，加强和创新社会管理，培养造就一支高素质的社会工作专业人才队伍，为加强和创新社会管理、构建社会主义和谐社会以及巩固党的执政基础提供有力的人才支撑，是当前一项重大而紧迫的战略任务。《意见》围绕社会工作专业人才队伍建设提出了一系列新思想、新观点、新论断、新举措。[①] 主要包括七个方面。

第一，在发展定位上，第一次将"社会工作专业人才"界定为"具有一定社会工作专业知识和技能，在社会福利、社会救助、慈善事业、社区建设、婚姻家庭、精神卫生、残障康复、教育辅导、就业援助、职工帮扶、犯罪预防、禁毒戒毒、司法矫治、人口计生、应急处置等领域直接提供社会服务的专门人员"，第一次明确提出社会工作专业人才在解决社会问题、应对社会风险、促进社会和谐、推动社会发展方面的重要基础性作用。这一界定既反映了社会工作专业人才的本质要求，也赋予了社会工作专业人才新的时代内涵。

第二，在发展思路上，第一次明确了"以人才培养为基础，以人才使用为根本，以人才评价激励为重点，以政策制度建设为保障"的总体要求。《意见》立足国情、着眼长远，根据人才成长的规律，针对当前社会工作专业人才数量缺口很大、能力素质

---

① 《〈关于加强社会工作专业人才队伍建设的意见〉的框架内容与重大创新》，民政部网站，http://www.mca.gov.cn/article/zwgk/jd/201111/20111100197886.shtml。

不高等突出问题，提出了"以人才培养为基础"的重要方式，力求通过专业教育和专业培训相结合的途径，走出一条多出人才、快出人才的新路子；针对当前社会工作专业人才岗位平台缺乏、结构不合理等突出问题，提出了"以人才使用为根本"的重要思想，力求通过开发社会工作专业岗位、发展社会工作服务机构、建立社会工作专业人才流动机制等方式，实现"以用为本"的根本目的；针对当前社会工作专业人才薪酬待遇偏低、职业发展空间不足等突出问题，做出了"以人才评价激励为重点"的重要决策，力求通过建立健全人才评价制度、薪酬保障机制和表彰奖励制度，调动社会工作专业人才的积极性、主动性和创造性；针对当前社会工作政策制度和体制机制不健全、不完善、不配套等实际状况，提出了"以政策制度建设为保障"的重要部署，力求通过社会工作政策制度建设，为社会工作专业人才发展提供有力的法制保障。

第三，在发展方向上，第一次确立了坚持"党的领导、政府推动、社会参与、突出重点、立足基层、中国特色"的指导原则。《意见》确立的"24字方针"，一方面遵循社会工作专业人才队伍建设的一般规律，体现了世界不同国家和地区社会工作专业人才队伍建设的共性原则；另一方面遵循共产党执政规律和中国特色社会主义建设规律，立足于我国历史传统和现实国情，是中国特色社会工作专业人才队伍建设的基本原则。

第四，在发展目标上，第一次系统提出了今后一个时期社会工作专业人才队伍、制度、环境建设的战略目标。在队伍建设上，《意见》提出了建立数量充足、结构合理、素质优良的社会工作专业人才队伍的战略目标。《国家中长期人才发展规划纲要

（2010～2020 年）》对这一目标提出明确要求，即到 2015 年，我国社会工作专业人才总量达到 200 万人；到 2020 年，社会工作专业人才总量达到 300 万人。在制度建设上，《意见》要求今后一个时期，围绕社会工作专业人才队伍建设关键环节，逐步建立比较完善的政策法规体系。在环境建设上，《意见》要求通过各方共同努力和卓有成效的工作，在全社会形成认知认同社会工作专业人才、共建共享社会工作专业人才队伍建设成果的良好社会氛围与发展环境。这一战略目标符合我国社会服务、社会管理、社会建设的当前和长远需求，符合广大社会工作从业人员和服务对象的意愿，符合社会工作事业发展的实际，是科学合理的。

第五，在发展政策上，第一次围绕"培养、评价、使用、激励"四个重要环节提出了一系列创新性、配套性政策措施。为加快健全社会工作专业人才培养体系，《意见》从职业道德建设、开展专业培训、发展专业教育三方面提出了若干针对性较强的培养政策。为加快健全社会工作专业人才使用体系，《意见》重点就城乡社区、相关单位、社会组织、社会服务部门四类主体提出了若干导向性较强的岗位开发和人才使用政策。为加快健全社会工作专业人才评价和激励保障体系，《意见》提出完善社会工作专业人才职业水平评价制度，建立健全以薪酬待遇、岗位津贴、社会保险、奖励表彰为主要内容的激励保障制度。为保证各项政策创制工作落到实处，形成行之有效的长效机制，《意见》明确要求建立以财政投入为主体、社会投入为补充的完善的经费保障机制，制定政府购买社会工作服务政策，加快推进与社会工作专业人才队伍建设有关的法律制度建设。这些重大政策的提出以及制定与实施，对解决当前制约社会工作专业人才发展的重大问题、推动社会工作专业人才队伍创新发展具有重要推动作用。

第六，在发展举措上，第一次设计了一批具有示范性的重大人才工程与计划。实施重大人才工程计划是许多国家打造人才竞争优势、参与国际竞争的重要经验。为实现社会工作专业人才队伍建设的跨越式发展，《意见》在确定一批急需发展、任务明确、工作基础较好、短期内能够突破的优先政策的基础上，进一步突出重点，筛选出社会工作服务人才职业能力建设工程、社会工作管理人才综合素质提升工程、高层次社会工作专业人才培养工程、社会工作教育与研究人才培养引进工程、社会工作服务标准化建设工程、社会工作专业人才服务新农村建设计划以及社会工作专业人才服务边远贫困地区、边疆民族地区和革命老区计划共 7 项具有创新性、示范性的重大工程与计划，作为推动工作的重要抓手。这些工程、计划与《国家中长期人才规划纲要（2010～2020 年）》和《社会工作专业人才队伍建设中长期规划（2010～2020 年）》衔接，涵盖了人才队伍建设的主要方面，其组织实施对整体推进社会工作专业人才队伍建设具有重要意义。

第七，在发展力量上，第一次明确了党委政府统一领导、组织部门牵头抓总、民政部门具体负责、有关部门密切配合、社会力量广泛参与的社会工作专业人才推进格局。社会工作专业人才是社会建设人才的重要组成部分，具有跨部门、跨行业、跨所有制、高度分散的特点，《意见》为整合分散在各部门、各行业、各领域的社会工作资源，形成推进社会工作专业人才队伍建设的强大合力提供了长效保障机制。

《意见》出台后，各地落实工作取得较大成效。2017 年，内蒙古出台《关于加强社会工作专业人才队伍建设的意见》，四川出台《四川省社会工作专业人才队伍建设"十三五"规划》，吉林将社会工作专业人才队伍建设纳入本省高层次人才队伍建设五年计划。截至目前，全国30个省（区、市）出台并落实了加强社会工作专业人才队伍建设的实施意见或专项规划，覆盖中央和地方的社会工作发展综合性政策与规划体系进一步完善。

整体看，目前社会组织人才服务政策虽然已经具备了整体规划和专业规范相结合的趋势，但无论是整体人才规划还是具体的行业规范，涉及的社会组织人才范围还具有局限性，虽集中颁布了多项针对社会工作者以及志愿者队伍建设的条文，其专业化和职业化的雏形已经形成，但担任其他岗位的社会组织专职人才的专业化和职业化建设仍未见成形的法规。劝募师和会员管理师尽管已经作为社会组织新职业，经专家组评审后原则同意纳入《中华人民共和国国家职业分类大典》社会公共服务人员类别，社会管理师纳入其中的技术人员类别的提议也已经提交评审，但是相关法律法规的出台尚需时日。此外，将社会组织人才的职称评定纳入全社会整体职称评定体系，加强社会组织从业人员在社会组织、政府和企业之间的自由流动，也是目前法律体系中比较薄弱的环节。

社会组织的法律地位与政府职能、垄断组织之间的矛盾本质上反映了长期以来对"公"与"非公"的认识和相应的利益机制，社会组织缺乏有力有效的权益表达，一方面，社会组织的作用和贡献不言而喻；另一方面，社会组织在资源投入、发展环境上存在种种障碍，社会组织在博弈中处于弱势地位，同时，束缚在体制内的生产力要素又得不到释放。

人才发展靠事业平台，社会组织的发展环境直接影响专业技术人才自身的发展和权益保障，而我国政府对非公有制企业和社会组织的管理是分散在各个不同政府部门的，个体工商户在国家工商局、全国工商联协调管理，外资企业在商务部登记、社会组织在民政部登记、科技项目在科技部登记，统计上有时又进行内资、外资的区分，之间又有交叉，人才队伍建设中的 6 支队伍分别归不同的综合管理部门管理。从国外的经验上看，一是重视社会组织管理和服务并设有较高层级的政府管理部门；二是针对社会组织的需求制定优抚政策法规；三是加强对社会组织监管，促进社会组织行业自律和公益事业发展规范。

对比相关中小企业的法规建设，我们可以更为全面地认识社会组织的政策现状。我国在 2002 年通过了《中华人民共和国中小企业促进法》并于 2003 年正式实施，现在工信部社会组织司的主要职责是中小企业发展和管理的宏观指导和非公有制经济的发展促进，目前涉及中小企业工作的部门有科技部、发改委、人社部以及土地相关部门，政策也分布在各个部委，国务院为加强对促进中小企业发展工作的组织领导和政策协调，在 2009 年成立了国务院促进中小企业发展工作领导小组，组长由当时的副总理张德江担任，牵头单位为工信部和财政部，办公室设在工信部，工信部主要承担综合管理的职责。地方上负责中小企业工作的部门设置各异，一般以在对接工信部的地方经济信息委员会中设置中小企业处或者中小企业局等形式，这些机构级别各异，有正局级、副局级，也有厅级和副厅级（江苏、广东、内蒙古），中小企业局大多是政府组建的专门部门，比如辽宁（厅级）、陕西（局级）二地，而云南省则在工信委中设立了中小企业局。从调研情况看，政府中小企业管理部门的抓手不多，主要在搞培训，2013 年工信部建立了中小企业服务平台网络，希望通过这个平台为中小企业提供各类服务，但涉及金融、财税、土地人才等的事项又需与其他政府部门协商，服务平台很难直接提供中小企业急需的服务。

从政治方面看，西方发达国家的选举制度使得占选民多数的社会组织影响雇主雇员的投票意向，对选举影响力强，让当政者必须考虑其利益诉求，如澳大利亚的人力资源协会拥有数千家会员而使得其利益主张有举足轻重的作用和影响；美国设有正部级的内阁级机构——社会组织局；日本和韩国设有厅级和副部级的社会组织厅；英国在法律上明确了社会组织区别于企业的权益优抚政策。

4.2.2 积极搭建社会组织人才服务平台与社会组织人才服务特色凸显和机构人才服务职能不突出并存

我国搭建了多个重要的社会组织人才保障服务平台，但是社会组织人才特色服务机构的主体地位还不突出。为了加强社会组织职业化、专业化、规范化的人才队伍建设，促进社会组织健康发展，落实民政部、人事部下发的《民政部人事部关于全国性社团专职工作人员人事管理问题的通知》（民发〔2000〕236号），国家民间组织管理局、人社部全国人才流动中心、民政部民间服务中心联合成立全国社会组织人事管理服务中心，向全国性社会组织提供专业化、规范化的人事人才服务，促进各类人才在社会组织中的优化配置和合理使用，为社会组织发展提供人才保障，解决了在京全国性社会组织养老保险遗留问题，承担了社会组织专职人才的档案管理、档案工资、社会保险、职称评定、住房公积金、婚姻状况证明、出国政审证明等人事管理工作，存放了社会组织从业人员人事档案 860 余份，与 65 个社会组织签订了委托协议，为 500 多人提供"五险一金"代办服务，为 600余人申请了补充医疗保险。全国社会组织人事管理服务中心的人才保障服务平台功能已经比较完善，但是其平台功能还主要集中在传统的人事管理服务上，社会组织信息宣传平台的社会功能还不完善，社会组织人才服务特色和机构人才服务职能有待进一步提高。

4.2.3　着力推进人才培养计划与社会组织专职化人才培养体系不健全并存

目前，我国社会团体、基金会以及民办非企业单位参加了相关的人才培养计划，实施了一系列社会组织人才培养计划，但公益行业整体专业化和职业化教育、培训以及资格认证体系还不健全。整体看，三大类社会组织从业人员中拥有职业资格证书的人员比例非常低。并不是社会组织人才不想参加相关职业资格认证，而是前文提到的专门针对社会组织的职业资格认证非常少，除了社会工作者之外，项目管理、筹款、社会组织管理、会员管理等相关的资格认证尚未落实，妨碍了社会组织人才的职业化。特别在社会组织专职人才和社会组织服务的专业技术人才服务上，政府、企业与社会组织在权益机制方面没有理顺，尚未明确谁应当拥有何种权利才构成合理的生态平衡关系，保证社会健康运行。

社会组织专职人员培养运行机制的健全、完善程度是影响职业化建设的关键因素。然而，当前国内社会组织专职人员培养运行机制存在诸多漏洞和弊端。其体现在以下几方面。

其一，缺乏基础雄厚的人才培养机制。2012年5月24日，《2011中国公益事业年度发展报告——走向现代慈善》在北京师范大学发布。该报告中的数据显示，在国内抽样的60所"211""985"工程大学中，全日制硕士、博士或MPA学位教育中开设NGO或非营利组织专业方向的院校仅有9所。北京师范大学中国公益研究院院长王振耀表示，公益高等教育体系才刚刚起步，环境还非常冷清，高校短时间内不可能为公益领域提供足够的人才。

其二，缺乏科学规范的资格认证机制。资格认证、行业准入机制是保证社会组织专职人员职业化的"重要关口"，能否拥有一整套全面、科学、健全、规范的资格认证与行业准入机制，在某种程度上决定了专职人员职业化程度的高低。目前，在我国，对于社会组织而言，还没有统一健全的职业开发规划，更没有建立相应的职业评价体系。这些都成为限制社会组织专职人员职业化发展的掣肘和瓶颈。

其三，缺乏能上能下的任后流动机制。长期以来，社会组织专职人员工作强度大、收入低，缺乏基本的生活保障，工作缺乏成就感，对自我身份欠缺认同感，工作内容也难以激发自身的潜意识和原动力，导致专职人员自身职业意识淡薄，对职业使命的认知出现偏差，职业角色人格不够完善，自我意识消极，职业激情匮乏，影响其工作整体水平。

从国外经验看，社会组织专职人才和社会组织服务的专业技术人才主要靠行业协会进行管理，如医师协会、建筑师协会等，这些协会在职业资格管理、继续教育、职业道德、业绩考核、从业要求等方面都有非常严格、规范的管理。目前我国这类协会利用现有资源组织各种资格培训、考试等，以获取必需的经费，从协会自身专职人员和协会服务的专业技术人员角度看，他们很少能够感受到协会组织对他们的支持和服务，遇到事情也往往采用个体解决方式，成本很高，也存在信息不对称情况，影响了他们的权益维护。调查中有人员提出希望行业组织能够为社会组织专职人才和社会组织服务的专业技术人才提供国际化交流培训平台，这些社会组织自身很难做到。政府简政放权的改革思路下，应该通过购买社会组织提供的服务，保证社会组织人才的合理利益，促进政府与社会组织伙伴关系的形成。

4.2.4 社会组织专职人才和社会组织服务的专业技术人才权益保障没有得到很好落实

从权益保障角度看，社会组织专职人才和社会组织服务的专业技术人才的权益包括生存权和发展权，从调研情况看，目前多数社会组织专职人才和社会组织服务的专业技术人才的诉求集中于生存权，包括子女入学、入托，居住证办理，降低生活成本等方面。

从发展权角度看，社会组织专职人才和社会组织服务的专业技术人才需要从个体有意识逐步发展到群体有意识，实现群体发声和群体自觉，加强职业道德建设，自由选择事业发展的机会和创造知识价值的认可与尊重。长期以来，社会组织专职人才和社会组织服务的专业技术人才在面临生存与发展问题时往往个体奋战，面对庞大的社会组织显得弱小而无力。

社会组织专职人才和社会组织服务的专业技术人才的生存权与

发展权已经不仅是非公有制企业的问题而且是全社会的问题，只不过非公有制企业具有特殊的表现形式而已，生存权在非公有制企业表现尤为突出。其中最为关键的就是社会组织薪酬管理问题。

薪酬是吸引人才、激励人才、留住人才的重要手段，也是社会组织人才队伍建设的重要保障。加强和改进社会组织薪酬管理有特殊的意义。[①]

首先，薪酬管理是加快社会组织走向职业化的有效途径。2015 年新修订的《中华人民共和国职业分类大典》已经将与社会组织相关的社会组织专业人员和社团会员管理员、劝募员列入职业序列。这既意味着国家和社会对于社会组织相关职业的认可，也对加快社会组织的职业化发展具有重要的现实意义。从世界各国社会组织的发展来看，走职业化道路是促进社会组织更好更快发展的重要途径。社会组织职业化发展必然会催生相应的社会组织职业群体，只有规范健全社会组织薪酬管理体系，才能够真正地保障社会组织职业化朝正确方向发展。从我国实际来看，由于社会组织整体的发展比国家行政机关、企事业单位要晚，社会组织在职业声望、社会地位和薪酬待遇上，都难以与其相比。将社会组织职业纳入国家职业分类大典，基本解决了社会组织职业声望和社会认同的问题，而民政部下发《关于加强和改进社会组织薪酬管理的指导意见》则为规范社会组织薪酬管理提供了依据，能够让社会公众更好地认可并愿意到社会组织工作，能够使社会公众对社会组织职业建立较为稳定的薪酬预期。社会组

---

① 詹成付：《加强改进薪酬管理工作　有效激发社会组织活力》，民政部网站，http://www.mca.gov.cn/article/zwgk/mzyw/201607/20160700001190.shtml。

织在提供科学合理薪酬待遇的同时，还可以通过绩效管理、奖惩机制等方式激励先进、勉励后进，逐步实现社会组织内部分配制度公平、公正、公开。

其次，薪酬管理是推动社会组织专业化发展的有效方式。随着现代社会组织体制的逐步建立，社会组织内部治理成为社会关注的重点。社会分工的不断深化对社会组织内部治理也提出了精细化要求，社会组织无论是项目策划、项目运作，还是人力资源管理、财务管理，都越来越走向专业化。这在客观上要求社会组织必须走专业化发展道路。社会组织的发展涉及众多领域和方面的工作，要实现专业化发展必须拥有一定数量掌握技术、技能的专业人才。加强和改进社会组织薪酬管理，能够真正让社会组织在市场竞争中以平等的身份与国家行政机关、企事业单位共同吸纳专业人才从事专业领域业务，全面提升社会组织专业化水平。

最后，薪酬管理是理顺内部分配关系，促进和谐劳动关系构建的重要手段。党的十八大以来，随着社会组织的发展壮大，其提供了大批就业岗位。根据民政部公布的 2015 年社会服务发展统计公报，截至 2015 年底，全国共有社会组织 66.2 万个，吸纳社会各类人员就业 734.8 万人，比上年增加 7.7% 。社会组织不仅吸纳就业人口的数量众多，而且潜力巨大，主要表现在两个方面：一方面，从统计数据来看，社会组织吸纳就业人口的增长速度远远超过我国就业人口的增长速度；另一方面，从国外的发展情况来看，发达国家社会组织的就业人口占劳动人口的比例均在4% 以上，如日本为 4.2% 、德国为 5.9% 、法国为 7.6% 、英国为 8.5% 、美国为 9.8% ，与之相比，我国社会组织从业人员占劳动人口的比例尚不足 1% 。因此，随着社会组织职业的产生和政府购买社会组织服务的开展，未来在社会组织就业的人口数量将不断攀升。薪酬管理作为劳动合同管理中的重要组成部分，对于推动社会组织与从业人员建立良好雇用机制，促进社会组织内部和谐劳动关系的建构，具有极其有力的推动作用。

改革开放以来，随着社会主义市场经济体制的建立和完善，大多数社会组织根据相关法律法规，建立了以岗位为基础的薪酬管理制度。社会组织从业人员"五险一金"制度不断推广，各类补充保险积极探索。但从总体上看，尚未形成与社会组织从业人员相适应的薪酬管理体系。目前，社会组织从业人员薪酬水平总体偏低，缺乏激励，吸引力不足，正常的薪酬增长机制有待建立，职业上升空间亟待拓宽。一些社会组织薪酬管理存在分配不公平、发放不规范等问题，有的甚至还存在有法不依现象。薪酬问题已成为近年来社会组织从业人员反映最集中、最突出的问题。

近年来，尽管社会组织在内部治理过程中不断完善自身薪酬管理体系，但是各地差异较大，社会组织从业人员薪酬待遇保障不力的情况经常出现。在这样的背景下，民政部于 2016 年 7 月发布了《关于加强和改进社会组织薪酬管理的指导意见》（以下简称《指导意见》）。《指导意见》的出台对于改善社会组织从业人员薪酬待遇，保障社会组织从业人员合法权益具有重要的指导意义，对于社会组织选拔人才、激励人才、留住人才从而进一步促进社会组织人才队伍建设具有长远意义。《指导意见》为加强和改进社会组织薪酬管理设定了如下目标任务。[①]

①　詹成付：《加强改进薪酬管理工作　有效激发社会组织活力》，民政部网站，
　　http://www.mca.gov.cn/article/zwgk/mzyw/201607/20160700001190.shtml。

一是要根据我国国情建立合理的薪酬标准。社会组织薪酬标准设计要兼顾效率和公平。社会组织内部的薪酬分配权是其法定权利，社会组织可依法依规自主确定从业人员薪酬结构和水平。但是，就目前而言，绝大部分社会组织主要实行岗位绩效工资制，其薪酬一般由基础工资、绩效工资、津贴和补贴等部分构成。基础工资既要考虑所在行业和当地社会经济发展水平，即尽可能地保障基础工资不低于当地人力资源社会保障部门发布的最低工资标准，又要考虑社会组织自身的经济发展情况。绩效工资根据社会组织从业人员的业绩考核情况来确定，这就要求社会组织在建立薪酬管理体系的同时，应注重建立相应的绩效评估等配套管理措施，规范对从业人员的业绩考核是重要内容。津贴和补贴作为补偿从业人员额外的劳动消耗和其他特殊劳动付出而支付的辅助工资，主要是在市场物价波动时保证从业人员收入水平不受较大影响。此外，随着人力资源市场竞争的愈加激烈，社会组织薪酬标准的建立还应该充分考虑一些特别情况，比如对市场化选聘和管理的社会组织负责人、引进的急需紧缺人才，可结合自身发展实际，由双方协商确定薪酬水平。社会保险和住房公积金按照国家有关法律法规执行，有条件的社会组织可建立企业年金等补充保险。前不久召开的中央经济工作会议提出要降低社会保险费，研究精简归并"五险一金"，社会组织也要提前谋划、积极作为。应由社会组织承担的部分，社会组织要按期缴纳。

二是要保证及时足额兑现薪酬。作为一项职业，社会组织不仅要能够为其从业人员提供合理的薪酬待遇，还要能够及时足额地兑现薪酬，满足他们基本的生活保障需求。为此，社会组织应该学习企业的现代薪酬管理体制，建立按月支付制度，而对绩效工资，社会组织应该根据自身的绩效考核办法，确立兑现期限。对从业人员应该享受的带薪休假等福利待遇，社会组织应按劳动合同规定的标准支付薪酬。

三是要着力规范社会组织薪酬管理。薪酬管理体系既是约束体系，也是激励体现。社会组织要建成"透明口袋"，要做到信息公开和透明，接受社会监督。同样，社会组织的内部治理也应该在阳光下运行。社会组织薪酬管理制度的建立应该通过民主表决并予以公示后实施，其理应接受相关监督，进一步提高社会公信力。社会组织支付的基础工资、绩效工资、津贴和补贴都属于社会组织管理成本，应该纳入工资总额预算，并严格按照工资总额预算执行，不得超提、超发薪酬。同时，为进一步加强和规范薪酬统计基础工作，社会组织应该加强工资台账管理，在支付员工工资时应提供工资清单；工资台账应该按照《工资支付暂行规定》（劳部发〔1994〕489号）的要求予以保存两年以上备查。退（离）休领导干部兼职期间的薪酬应该按照党的组织部门相关规定执行；志愿者等人员的补贴应建立清晰的账务管理机制。

四是要尊重人力资源市场规律，逐渐建立薪酬正常增长机制。随着社会组织发展规模的壮大，其内部不再实施清一色的扁平化管理，而逐渐向科层制方向演变。随之对应的是，社会组织内部会出现不同层级的职业岗位。在不同层级的职业岗位上，从业人员的工作性质不同，承担职责也差异明显，因此有必要逐步建立薪酬正常增长机制。在确定薪酬增长幅度时，同样要充分考虑社会组织所在地区的经济发展水平和自身的财务实际，统筹兼顾，寻求薪酬正常增长效应的"黄金分割点"。

五是要建立与薪酬管理体系相配套的社会组织内部管理体制。社会组织薪酬管理不是一个孤立的体系,需要其他方面的配合和支撑,例如,与绩效工资相匹配的社会组织绩效考核机制,与薪酬正常增长机制相匹配的从业人员职业能力培养计划,与薪酬及时足额支付相匹配的内部会计实务制度,等等。社会组织在推动薪酬管理体系建设的同时,要充分考虑配套体系的完善发展。

六是要坚持物质激励与精神激励相结合。社会组织首先应该给予物质激励以高度的关注,在组织内部构建系统的多元化回报与激励体系;在对从业人员内在需求现状调查研究的基础上,设计与实施有针对性的物质激励措施;通过宣扬公益互益价值文化和组织氛围建设,在社会组织内部构建长效的精神激励动力源泉。

然而,现实的情况与文件确立的目标还有一定差距。从下面这则 2018 年初的新闻报道可见一斑。

深圳社工薪水翻倍?希望很美好,现实略骨感①

新年伊始,深圳民政局抛出重磅"开年利是",其发出的《关于促进社会工作发展的若干措施(征求意见稿)》(以下简称《若干措施》)提出,深圳社工的平均工资标准将从 5000 元/(人·月)提高至 10647 元/(人·月)(税前,含个人五险一金),社工人力成本标准将从 7.6 万元/(人·年)提高至 16.01 万元/(人·年),增幅 109.23%;全市购买社会工作服务经费从 2017 年 6.5 亿元增长至

---

① 黎宇琳:《深圳社工薪水翻倍?希望很美好,现实略骨感》,搜狐网,http://www.sohu.com/a/223689146_465387。

2019 年 12.07 亿元，增幅 85.16%。

简单来说，深圳社工薪酬要翻番。

此消息对于一直游离于主流职业边缘的社会工作者来说堪称重大利好，甚至有学者将之称为"强势扭转社工颓势"的关键性制度安排。确实，对于深圳已然攀升至 5 万/平方米的房价来说，此前 5000 元/（人·月）的薪资很难让社会工作者继续留守。而深圳财政实力雄厚，为这批给社会"兜底"的社工们兜底，也是应有之义。

但是，深圳社工薪酬翻番真能实现吗？

一位熟知深圳社工情况的消息人士指出，深圳社工的工资主要出自政府支付的项目资金，若要实现工资翻番，意味着政府用以购买社工服务的经费要翻番。以往，深圳社工服务采购的主体是市、区两级民政部门，但在以后，情况或将有所改变，《若干措施》指出，将"民政集中购买、分部门使用"转变为"谁使用谁购买""经费由福彩公益金、区级财政分别保障"。

也就是说，这一份由深圳民政部门提出的要为社工翻番加薪的指导意见，须仰赖别的政府部门的财政支持。能否实现、能在多大程度上实现仍需继续观察。"这份征求意见稿代表了希望，而非现实。"这位消息人士如是总结道。

事实上，即便是 5000 元/（人·月）（税前）的水准，深圳社工的薪酬也已遥遥领先于珠三角其他地区，据了解，珠三角地区广州、佛山（含顺德）在 3500~3800 元。知情人士透露，广州社工薪酬制定仍参考《广州市 2010 年公益服务性社会组织社会工作专业人员薪酬指导价位表》，根据这份 8 年前制定的指导价位表，"员级"社工薪资仅为 3000 元/（人·月）。

广州市 2010 年公益服务性社会组织社会工作
专业人员薪酬指导价位

职位名称		平均薪酬（元/月）	备注
高级	待定	待定	①以上薪酬指导价适用于公益服务性社会组织社会工作专业人员,包含个人缴纳的社会保险费用、个人缴纳的住房公积金和个人所得税 ②由市人力资源和社会保障局会同市民政局、市财政局,根据我市经济社会发展水平,适时对薪酬指导价位进行调整
中级	社会工作师一级	6500	
中级	社会工作师二级	5700	
中级	社会工作师三级	5000	
助理级	助理社会工作师一级	4000	
助理级	助理社会工作师二级	3500	
员级	社会工作员	3000	
试用期/见习期	博士研究生	4200	
试用期/见习期	硕士研究生	3690	
试用期/见习期	双学士班、研究生毕业（没有硕士学位）	3320	
试用期/见习期	本科毕业	2800	
试用期/见习期	专科毕业	2300	

佛山的南海、顺德等地的社工薪资水平与广州看齐,其 2015 年制定的指导价位表只比广州 2010 年的版本高数百元。

佛山市 2015 年公益服务性社会组织社会工作
专业人员薪酬指导价位

级别	平均薪酬（元/月）
高级	待定
中级(社会工作师)	5500
助理级(助理社会工作师)	4600
员级(社会工作员)	3500

注：以上薪酬指导价含各项社会保险费用、公积金和个人所得税。

如今，深圳欲一口气涨至 10647 元/（人·月），好比向一潭死水里扔砖头，所引发的"涟漪效应"或将深刻影响珠三角乃至全国社工界。

顺德君行社会工作研究及服务中心总干事叶楚君说，《若干措施》让她喜忧参半。喜的是，多项主要措施都有积极的改良意义，值得期待，如果真的能落实，对于广东其他社会工作早发地区也有参考价值，能释放出社会工作很有发展前景的信号；忧的是，当中多项措施都是需要务实构建的系统工作，其顺利推进、有效落实需要的不仅是一纸政策的出台，还要破除很多固有的壁垒。

深圳加薪成功对于社工界必然是利好，但其他地区的可借鉴程度如何仍不好判断。若其他地区在社工薪酬待遇保障方面未能跟上且短期内难以跟上，这个最令人注意的差距对周边地区的社工界将构成巨大压力。

相对于业界需求而言，社工人才的总体基数尚小，培育都很欠缺，更别说竞争。深圳社工薪酬待遇的突飞猛进对整个广东而言，究竟会拉动社会工作人才队伍的整体良性发展，还是会加速其异化，均未可知。

正因如此，希望业界与公众不要只盯着《若干措施》中个别耀眼的数值，而要多关注每项措施制定的出发点以及对行业的意义。

广东社会工作协会副会长、华南农业大学社会工作系副主任李锦顺博士认为，《若干措施》对珠三角地区包括广州，有强烈的示范效应。广州社会工作目前存在工资低、流动性强两大短板，深圳的社会工作改革将带动一批优质社会工作者流向深圳。

　　每个社会问题和经济问题，包括社会工作发展瓶颈问题，说到底都是财政问题。该文件强调要突出建立以政府投入为主的多渠道资金保障机制，由市财政委牵头以解决长期困扰社会工作发展的核心问题，强势扭转和解决这几年高校社会工作专业学生报考下滑、毕业工作选择下滑的双下滑趋势。

　　受工资市场影响，作为广东社会工作本科专业建立最早的专业，除毕业深造的学生外，华南农业大学社会工作专业对口就业率由2016年的50%下滑到2017年的41%。和其他学校相比，该校的社会工作对口就业率还是比较好的。

　　一个健全的职业必须要有能激发其工作热情和信心的物质保障，才能说其具备职业的模样。

　　值得关注的是，目前《若干措施》的影响已溢出了社工界，社工作为公益慈善领域职业化程度最高的行业，也是政府购买民间服务的主要门类，其薪酬结构的变化有风向标意义。广州市社会创新中心理事长、中山大学传播与设计学院副教授周如南博士提出，要警惕社工薪酬对政府财政的路径依赖。

　　第一，深圳市在政府职能转移和购买公共服务方面的力度和规模在持续加大，体现了深圳市政府对此的高度重视。

　　第二，文件对深圳十年政府购买社工服务的经验和教训有所反思。一是提出推动"民政集中购买、分部门使用"向"谁使用、谁购买"转变，拓展了购买主体和范围；二是提出向项目购买的模式转变方向，但对原来长期主导的岗位购买为主的深圳模式的弊端反思仍有待深入。

　　第三，舆论最为关注的是社工薪酬待遇的明显提高。积极地理解，这意味着行业地位和职业发展空间的提升。但也应当看到，作为社会服务组织，如果社工薪酬和社工机构资金来源仍然全部或者绝大部分靠政府财政，路径依赖对机构独立性、服务有效性和竞争力提高弊大于利。

第四，该文件从政府规范性文件征求意见稿到正式出台还有很多程序要走，从文件到执行亦需配套文件支撑和落实，仍存在很多不确定性。这一过程期待社工行业同人的发声和政策倡导参与，积极发挥行业作用。

当然，吸引优秀的社会组织专职人才的关键，一是生存，二是发展。这些是薪酬管理不能完全解决的综合性问题，既有子女问题，也有继续教育、职称评审问题。从我国社会组织的激励现实来看，应当对从业人员实施恰当的激励组合，即在合理的物质激励基础上，社会组织必须牢牢把握从业人员对精神激励的需求，引导他们关注价值导向，要逐步建立深入细致、复杂多变、应用广泛、影响深远的社会组织内在激励"黄金法则"；社会组织应该加大人力资源开发的物质投入，通过系统的培训教育提高从业人员的职业化、专业化能力，提升其对组织的承诺度，增强从业人员的归属感、认同感和自豪感，以成就激励来推动从业人员的荣誉感，进而全面搞好社会组织内部文化建设。

从部门管理角度看，人社部门的专技人员管理中比较突出的还是职称和继续教育问题。即使如此，社会组织专职人才和社会组织服务的专业技术人才的选拔、培养、使用、待遇、流动等还是人社部门的事情，而且彼此之间密切相关，例如，人才引进与职称有关，人才流动就业与公共服务、档案管理有关，继续教育与职称、职业等有关，需要政府部门统筹设计政策并协调不同部门之间的工作。

4.3　社会组织人才服务体系建设的个案：基于成都实践的解读

社会组织是国家治理的重要主体。党的十八届三中全会以来，成都按照"激发社会组织活力"的改革要求，结合成都市委全面深化改革工作部署，稳步推进社会组织建设管理改革，截至 2014 年 12 月底，全市登记社会组织达 8117 家，居副省级城市之首，社会组织会集了众多相关领域的管理人才、专业技术人才和技能人才，已成为"大众创业、万众创新"的重要渠道、培养人才的有效途径和评价人才的重要平台，成都已具备打造人才聚集智慧高地的基础条件。然而在全面深化改革中成都市社会组织人才建设存在许多薄弱环节和不足，如何全面推进社会组织人才建设，营造成都市人才资源的新优势，非常值得深入思考和探索。

4.3.1　成都社会组织人才建设的现状分析

（1）人才总量

2013 年，成都社会组织拥有从业人员 21.2 万人，超过北京市社会组织吸纳就业人数，占成都人才总量、第三产业人才总量的比例分别为 5.98%、9.49%。① 成都社会组织通过提供岗位信

---

① 《2013 年成都市人才资源状况报告》。

息、技能培训、法律援助、政策宣讲等形式促进就业，累计有236.68万人次从中受益。2014 年，成都新增 5 名以上、1～5 名员工的社会组织分别占比 14.35%、22.30%，加上每年 10% 的社会组织增量及备案社区社会组织，至少提供 2.19 万个新岗位，占 2014 年城镇新增岗位的 10.68%。

（2）社会组织中从业人员学历情况

数据分析结果显示，成都社会组织中从业人员学历以本科及以上为主，且其占比逐年递增，2011 年，本科及以上学历人员 8.35 万人，占当年社会组织从业人员的 44.60%；2012 年 10.86 万人，占 52.46%；2013 年 12.01 万人，占 57.68%，可见成都社会组织从业人员学历较高，呈现高学历态势（见图 4-21）。

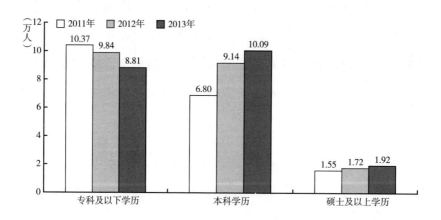

图 4-21　2011～2013 年成都社会组织从业人员学历情况

（3）社会组织紧缺专业和人才

调查数据显示，成都社会组织所需专业领域排前三位的分别是管理学、市场营销和教育学。剔除"教育培训类"组织的专业人才需求，其他类型组织紧缺专业领域还有：信息与计算机科学、中文、经济学、物理学、社会学等，各领域所占比例基本相当（见图4-22）。

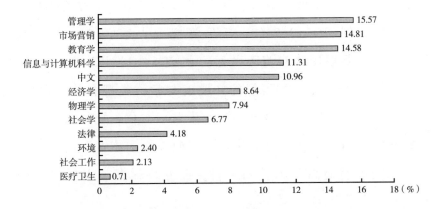

图4-22　成都社会组织发展所需专业类型

调查表明，社会组织岗位人才需求最多的前两位是项目开发/财务/会计、项目管理执行。其后是筹资，与项目实施与运作相关的项目设计、研究，志愿者管理，公关传播，而人力资源/行政、信息化建设等岗位需求不大（见图4-23）。

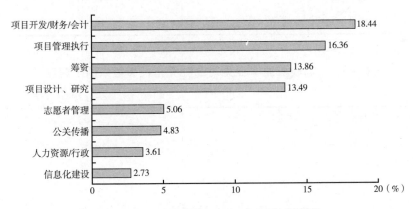

图4-23　成都社会组织发展所需岗位

（4）成都高校应届毕业生对社会组织知晓度、了解度

调查结果显示，成都高校应届毕业生对社会组织知晓度相对较高，从未听说的比例不足两成（见表4-1）。进一步分析发现，高校应届毕业生对社会组织了解度偏低，非常了解及比较了解的比例仅为19.54%，不足两成（见表4-2）。了解程度不高的主要原因为自身不关心（见表4-3）。研究还发现，应届高校毕业生对社会组织的知晓度与学科类型有关，农学、理学及医学对三类社会组织知晓度排名后三位，社科人文类学科则知晓度相对较高（见表4-4）。硕士应届毕业生对社会组织的知晓度明显高于本科和专科，而专科则高于本科（见表4-5）。

表4-1　高校应届毕业生对三种类型社会组织的知晓度

单位：%

听说过行业协会商会	5.25
听说过基金会	24.78
听说过民办非企业单位	7.00
都听说过	44.90
从未听说	18.08

表4-2　高校应届毕业生对三种类型社会组织的了解度

单位：%

非常了解	4.06
比较了解	15.48
一般	46.95
不了解	25.38
完全不清楚	8.12

表 4 - 3　高校应届毕业生对社会组织了解度不高的原因分析

单位：%

自身不关心	44.33
太偏门、社会关注度不高	24.74
没渠道获知	18.04
没时间	9.79
其他	3.09

表 4 - 4　高校应届毕业生对社会组织知晓度与学科类型交叉分析

单位：%

学科类型	行业协会商会	基金会	民办非企业单位	都听说过	都没听说过
艺　术	0.00	0.00	0.00	100.00	0.00
法　学	5.88	17.65	3.92	60.78	7.84
经济学	6.90	13.79	6.90	58.62	10.34
教育学	6.67	15.56	6.67	42.22	13.33
哲　学	9.09	9.09	4.55	40.91	22.73
管理学	6.45	16.13	6.45	35.48	29.03
工　学	0.00	28.81	3.39	33.90	15.25
文　学	0.00	22.22	0.00	33.33	44.44
农　学	11.11	18.52	7.41	33.33	7.41
理　学	2.04	22.45	10.20	27.55	20.41
医　学	4.55	54.55	0.00	22.73	0.00

表 4 - 5　高校应届毕业生对社会组织知晓度与学历交叉分析

单位：%

学历	行业协会商会	基金会	民办非企业单位	都听说过	都没听说过
硕　士	4.44	20.00	0.00	64.44	11.11
专　科	3.55	28.37	7.09	50.35	10.64
本　科	7.01	22.93	8.92	34.39	26.75

（5）社会组织人才建设的最大优势

调查显示，社会组织人才建设的最大优势在于其业务范围覆盖各领域，可吸纳不同人群就业；社会组织覆盖行业多、门类广，劳动力与技术、知识密集行业并存，就业和创业相结合，能吸纳大量不同层次的人员就业。2013 年，成都社会组织以岗位信息提供、能力培训、法律援助等形式促进就业，直接受益人数达 236.68 万人次，在当前就业形势严峻的背景下，社会组织是扩大社会劳动就业的重要渠道和主力军。

4.3.2　成都社会组织人才建设存在的问题剖析

（1）社会组织人才工作制度和政策有待全面创新

尽管成都社会组织在数量上在副省级城市中具有较大优势，但社会组织人才建设相对滞后，财政经费有效投入、税收政策优惠、社会保险待遇、人才流动保障等各项配套政策措施还未建立健全。社会组织由于缺少有效的政策扶持措施，吸纳人才能力较低。在工资收入、户籍迁移、档案管理、社会保险等方面也存在一系列问题，直接影响了社会力量举办社会组织和社会公众投身社会服务事业的积极性。

（2）社会组织人才评价体系不完善，专业化水平较低

社会组织缺少科学的岗位设置规范，现有社会组织从业人员职称晋升渠道不畅，仅有医疗卫生和社工机构的工作人员可参评卫生系列或社工系列职称。全市取得国家专业知识更新工程培训证书的只有 90 人，取得全国社会工作者职业水平证书的仅有 2609 人，占社会组织从业者的 1.2‰，导致成都虽有不少专业的社会组织，却总体上缺少专业化的服务，直接制约了成都社会组

织人才队伍专业化、职业化的进程。

（3）社会组织规模偏小

从成立时间、办公场地上看，成都社会组织发展规模偏小。数据分析结果显示，所调查的社会组织的成立时间在 0～5 年的占 39.31%；6～10 年的占 36.04%；10 年以上的占 24.72%（见图 4-24）。也就是说，被调查样本都还比较"年轻"，以成立时间不到 10 年的社会组织为主，与全国社会组织的发展趋势基本吻合。

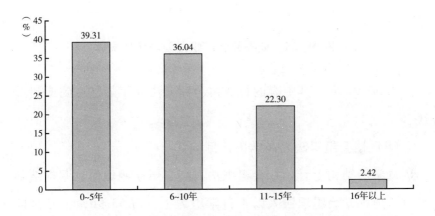

图 4-24　成都社会组织成立时间情况

在调查的社会组织中，租用办公场所的情况是最常见的，这也表明，社会组织都还比较弱小，基本不拥有具有自主产权的办公场所，它印证了成都社会组织发育程度不高的现状（见图 4-25）。

（4）社会组织法人平均年龄偏大

从年龄上看，社会组织法人平均年龄偏大。调查结果显示，成都社会组织法人平均年龄 46.22 岁，行业协会商会的法人平均

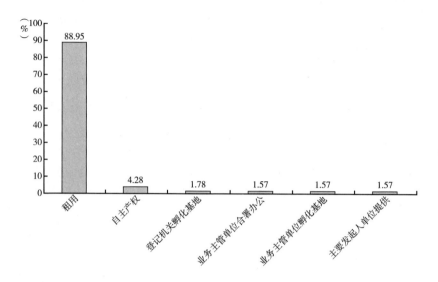

图 4 - 25 成都社会组织办公场所情况

年龄为 50.97 岁，其中有的行业协会商会法人年龄已达到或超过 70 岁。

（5）社会组织法人高学历比例偏低

从学历结构上看，社会组织法人高学历比例偏低。调查结果显示，成都社会组织法人以本科学历为主，占 53.96%，专科以下学历占 44.73%，而硕士及以上学历仅占 1.31%。

（6）社会组织治理结构不够完善

调查结果显示，成都社会组织中同时没有理事会、监事会的比例为 51.70%，"三会"都未设置的比例达 9.31%，表明成都社会组织的治理结构还不够完善，内部自我监督机制不够健全（见图 4 - 26）。

（7）社会组织人才建设获得政府支持力度小

数据分析表明，成都社会组织对当前人才及整体发展环境的满意度较低，评价为"一般"、"不满意"及"很不满意"的

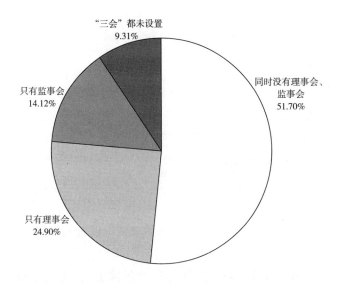

图 4 - 26 成都社会组织理事会、监事会设置情况

总比例达 50.30%；对社会组织发展整体环境评价为"一般"、"不满意"及"很不满意"的比例为 52.41%。进一步分析发现，社会组织在吸纳就业中面临的困境首先是政府支持力度小（无岗位补贴、保险补贴，高校应届毕业生到社会组织工作无优惠条件等）；其次是社会组织行业缺乏吸引力；再次是机构业务量少，无法留住人才；最后是社会对社会组织的认可度低（见图 4 - 27）。该数据再次印证了前述关于社会组织员工离职原因的判断，即社会组织本身发展的政策环境不利于其吸引、吸纳和留住人才。

（8）社会组织人才薪酬福利水平明显低于社会平均水平

调查显示，成都社会组织从业人员薪酬福利水平低于社会平均水平，不利于吸纳优秀人才，导致社会组织发展总体缺乏活力。2011~2013 年，成都社会组织就业人员的年平均工资较全社会平均工资分别低 12.64%、3.92% 和 16.04%。尽管 2012~

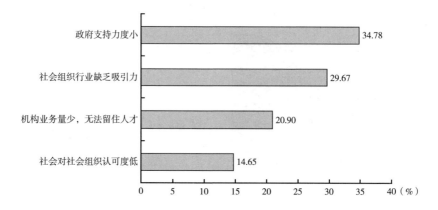

图 4 – 27 成都社会组织吸纳就业面临首要困境

2013 年社会组织薪酬水平稳中有升，但增长速度低于社会平均工资增长速度。2012 年、2013 年社会组织就业人员年平均工资分别为 36722.53 元、40599.98 元，较 2011 年、2012 年分别增长 9.84%、10.56%，而同期全社会平均工资为 38221 元、48358元，分别较上年增长 12.88%、26.52%（见图 4 – 28）。

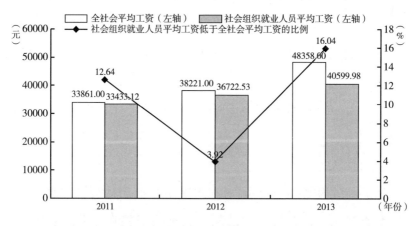

图 4 – 28 2011～2013 年成都社会组织平均工资与全社会平均工资对比

资料来源：2011～2012 年数据来自成都市统计局《2012 年成都市城镇全部单位就业人员平均工资报告》；2013 年数据来自四川省统计局《2013 年四川省就业人员平均工资》。

在"五险一金"提供方面，相对来说，成都社会组织中为员工提供"五险"的情况较好，均超过 80.00%，而提供住房公积金的仅占调查样本的 18.05%（见图 4－29）。

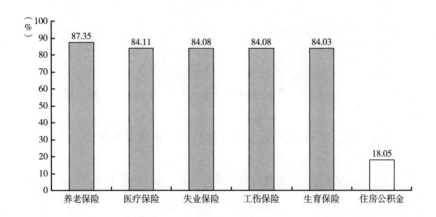

图 4－29　成都社会组织为员工提供"五险一金"的情况

进一步分析发现，2013 年成都社会组织一般员工月工资仅为 2367.81 元，较同年成都应届毕业生月工资 2920 元[①] 低 552.19 元。显然，薪酬已成为社会组织吸引人才的软肋（见图 4－30）。社会组织想要吸引应届高校毕业生、留住高层次人才，还需加快专业化和职业化建设步伐，以专业服务提升薪酬竞争力。随着社会组织专业化程度提高和服务领域不断细分，构建符合自身发展需要的薪酬体系是摆在社会组织面前的重要课题。在培育孵化阶段，尚未形成品牌性、专业性，社会组织吸纳人才能力弱，形成"无人才—无项目—低收入—低工资"的恶性循环链条。

① 智联招聘：《2013 成都高校应届毕业生就业形势报告》。

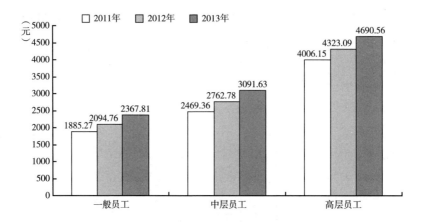

图 4 - 30　2011 ~ 2013 年成都社会组织各类员工月工资情况

（9）应届高校毕业生对社会组织吸纳就业及发展前景信心不足

"成都应届高校毕业生社会组织就业意愿调查问卷"的统计分析结果显示，高校应届毕业生认为社会组织吸引力强的比例仅为 2.26%，而认为"一般"和"弱"的比例达 82.96%（见表 4 - 6）。认为未来 1 ~ 3 年社会组织吸纳就业明显增加的比例仅为 11.78%，可见，应届高校毕业生对社会组织吸纳就业信心明显不足（见表 4 - 7）。

表 4 - 6　高校应届毕业生对社会组织就业吸引力的评价

单位：%

强	2.26
比较强	7.52
一般	58.90
弱	24.06
没有吸引力	7.27

表4-7　高校应届毕业生对未来1～3年社会组织
吸纳就业增加情况的判断

明显增加	11.78
所有增加	62.16
跟现在一样	20.55
所有下降	4.26
明显下降	1.25

4.3.3　成都打造社会组织人才高地的探索路径

成都打造社会组织人才高地，主动顺应"大众创业、万众创新"的新形势，构建面向人人的"众创空间"等社会组织创业服务平台，要在人才体制、政策体系、税收优惠、教育培训体系、引进机制培育等方面有新的进展和突破，激发群众创造活力，培育包括大学生在内的各类青年创新人才和创新团队，带动扩大就业，打造经济发展新的"发动机"。

（1）加强政策引导，为促进社会组织人才培养提供良好的宏观环境

制定并完善社会组织人才工作政策法规。一是加快人才立法工作。完善社会组织人才引进、培养、使用、保障、争议仲裁等方面的立法工作，把社会组织人才建设纳入规范化、法制化轨道。二是提高政策的开放性和适应性。对社会组织的各类人才资源，政府人事部门提供的职称评定、人才引进、培训项目、表彰奖励、人才资助等人才政策和公共人才人事服务项目要一视同仁、统一安排、平等开放，有时还应在一定程度上给予政策倾

斜。三是整合梳理相关政策资源。要对分散在各个部门单项政策中的人才人事政策进行全面整合和梳理，清除不合时宜的政策规定，创新一批有利于社会组织人才建设的新政策，并形成政策系列，发挥政策聚焦效应，强化社会组织人才工作政策的贯彻实施。四是建立多元化的投入机制和激励保障机制，在建立健全政府购买服务的基础上，健全民间资金投入机制。研究制定工商、税收、土地优惠政策，鼓励社会团体、企业和个人举办社会组织。

（2）争创全国首个社会组织人才培育孵化基地

在社会组织孵化园等孵化模式的基础上，借鉴创客空间、创新工场等孵化模式，支持成都新民社会组织发展中心联合成都社会组织学院争创社会化、专业化、集成化、网络化的全国首个社会组织人才培育孵化基地，实现创新与创业、线上与线下、孵化与投资相结合，为初创社会组织成长和个人、社会参与社会组织创业提供低成本、便利化、全要素的开放式综合服务平台，实现"一基地五中心"的服务功能。一是社会组织人才培养开发中心。人才高地能够通过自身的培养开发系统，以及特定的人才使用环境，使进入人才高地的人才素质不断提升，能力不断得到优化，具有人才的加工、生产、再造的功能。二是人才资源优化配置中心。人才高地通过市场机制的有效运用，能使人才资源得到优化配置，并建立与经济和社会发展需求相适应的以市场为基础的人才资源配置机制。三是社会组织高层次人才创业中心。人才高地不仅为一般人才提供适宜的学习和工作环境，而且为高层次人才尤其是创新型、创业型人才充分施展才能创造良好的生活环境和工作条件。四是社会组织人才资源聚集和辐射中心。聚集和辐射不等同于单纯的交易和流动，更强调在吸引基础上的素质再造和能力提升，在此基础上对周边地区产生辐射和影响，并以人才流为载体，带动资金流、知识流、服务流的运转。五是人才资源信息发布中心。人才高地能够汇聚、加工、处理并向外界发布国内外社会组织人才资源的供求信息，为周边地区提供人才信息服务。

（3）提高社会组织专职人员的待遇

从调查结果来看，当前社会组织工作职业尚未得到广泛了解和认可，社会组织工作人员的地位、待遇相对较低，这是影响社会组织工作人才队伍发展的重要因素。事实证明，影响专职人员身份认同与专业化发展的最重要因素是缺少经济利益。因此，要认真落实事业留人、感情留人、适当的待遇留人的要求，采取有效措施提高社会组织工作人员的地位和待遇，使社会组织工作成为受人尊重的职业，打破社会组织中现有的低工资、高奉献的传统公益事业观念，向专职人员提供合理的工资和福利，积极探索政府、企业、社会、社会组织和个人多元投入机制，建立可靠的社会组织工作经费保障机制。建议参考国外社会组织聘用专职人员和我国社会工作者的待遇标准，提倡"有私奉献"理念，制定出台社会组织工作人员薪酬指导政策，建立合理的薪酬制度，完善奖励政策，切实改善社会组织工作人员的工资收入、福利待遇和工作条件。

（4）积极营造有利于社会组织人才建设的舆论环境

优化舆论环境，充分发挥宣传部门、新闻媒体的舆论导向作用，支持举办社会组织创业训练营、社会组织创业创新大赛等活动，让社会组织创业创新蔚然成风，激励、吸引更多的优秀人才投身社会组织工作。

第五章　我国社会组织人才服务体系建设路径与政策建议

　　推动国家治理现代化是党的十八届三中全会提出的制度建设新目标和新任务。"完善和发展中国特色社会主义制度，推进国家治理体系和治理能力现代化"，这意味着我国全面深化改革的总目标要落实在现代国家治理的制度层面。在"国家构建"的理论范畴中，国家治理是对旧式"统治"风格的一种根本性重构，[①] 是一项具有系统性特征的现代化建设工程。构建一个成熟的现代治理体系，其核心是理顺国家与社会、政府与市场、中央与地方、政治权力与公民权利四大关系。[②]

　　我国社会组织人才服务体系的建构路径应该紧紧围绕国家治理体系和国家治理能力现代化，紧扣《国家中长期人才发展规划纲要（2010～2020年）》以及《全国民政人才中长期发展规划（2010～2020年）》的基本方针，根据以下基本原则制定。一是以用为本。充分发挥各类人才的作用，合理配置人才，促进人

---

① 〔法〕让-皮埃尔·戈丹：《何谓治理》，钟震宇译，社会科学文献出版社，2010。
② 吴汉东：《国家治理现代化的三个维度：共治、善治与法治》，《法制与社会发展》2014年第5期，第14页。

岗相适、人尽其才、才尽其用、用当其时，最大限度调动社会组织人才的积极性和创造性。二是开展竞争。逐步建立健全社会组织人才引进开发、选拔任用、培养发展、评价发现、激励保障等人才工作机制中的竞争机制，有效引导社会组织人才发展的良性循环。三是事业为导。加强社会组织人才的资质认证与职业教育，引导社会组织人才在专业化和市场化基础上的事业化。

5.1　社会组织人才服务体系建设理念：共治与善治

从社会管理走向社会治理，不仅意味着理念发生巨大变化，而且要求推进社会治理主体与治理方式的变革，即由多个主体通过政府、市场、法律、文化等多种方式进行协同治理。这就要求运用共治与善治的理念对社会组织人才服务体系进行治理与建设。

（1）社会组织人才服务体系治理的实践途径是共治。随着我国现代化进程的加快和深入、当今社会结构中市场系统和社会系统力量的成长以及公共领域治理困境的凸显，社会事务治理中的多个主体共治无疑成为一种理性选择。所谓社会组织人才服务体系共治，即在党委领导和政府主导下，企业、城乡基层自治组织、社会组织和公民个体等多个社会主体形成平等的合作型关系，共同参与社会组织人才服务体系建设，政府放权，依托包括政府权力在内的、市场、法律、文化等多元方式进行治理。共治契合社会治理的内在精神和现实需要，应成为社会组织人才服务体系治理的现实目标。

（2）社会组织人才服务体系治理的价值目标是善治①。善治

①　郭金来：《共治与善治　社会组织人才服务体系治理初探》，《中国非营利评论》2016年第2期。

是指使公共利益最大化的良好治理过程，是国家与社会两者关系的最佳状态，因此善治成为社会治理的理想价值目标。善治注重公共权力中心的多主体化、政府与社会的协同合作以及治理手段的多样化。实现社会组织人才服务体系的善治，一方面要求政府合理划定职能的边界和限度，向社会组织放权，给予社会各主体在人才引进、使用、激励与保障等方面更多的伸展空间；另一方面要求大力培育各种社会组织，使其能够有效承担政府的职能转移，支持政府有效开展社会组织人才服务体系治理和提供社会组织人才服务。

5.2 社会组织人才服务体系建构与治理路径

5.2.1 强化社会组织人才主体地位

发挥社会组织人才的核心作用，推动社会组织有序健康发展。社会组织人才服务体系的建立应该首先确定社会组织人才在民政事业发展中的基础性、战略性地位，把人才工作摆在优先发展的战略位置，做到以人为本，人才资源优先开发、人才结构优先调整、人才投资优先保证、人才制度优先创新，推动社会组织有序健康发展。

5.2.2 规范化体系建设指引社会组织人才队伍建设

我国应建立健全社会组织人才发展的职业体系和相关的法律法规，引领社会组织人才队伍建设。社会组织人才服务体系建设应该着力推进社会组织人才职称制度建设，完善社会组织人才职称管理政策，建立有关专业系列的民政部高级专业技术职务任职资格评审制度，启动评审工作，引领社会组织人才队伍建设。

5.2.3　多元治理机制促进社会组织人才能力和队伍建设

首先，从政府职能转移视角，完善社会组织发展规划。社会组织人才服务体系应根据政府职能转移和政府购买服务的要求，以完善社会组织发展规划为目标，着力增强社会组织内部治理结构、提高社会组织人才队伍的专业技术能力，并为社会组织人才提供社会保险等方面的保障服务。其次，从社会治理现代化视角，加强社会组织人才能力服务体系建设。党的十八届三中全会提出，要改进社会治理方式，激发社会组织活力，社会治理意味着社会治理主体的多元化、社会治理手段的复合化以及社会治理目的以人为本。社会治理现代化意味着社会治理在价值取向上坚持以人为本，促进人的全面发展是社会治理的出发点和落脚点。社会组织人才服务体系建设应该秉持社会治理以人为本的理念，通过规范与明确社会组织专职人员岗位设置、建立社会组织职业制度、健全社会组织人才继续教育制度等加强社会组织人才的能力建设。最后，从国家治理体系建设视角，规划社会组织人才队伍建设。从国家治理体系建设的支持体系看，社会对国家的支持对于国家治理目标的实现和手段的选择非常重要。而社会与国家的良性互动离不开社会组织的健康发展。社会组织人才服务体系应该落实社会组织人才培养的中长期规划，制订社会组织人才发展规划，力争在十年内形成一个辐射宽广的社会组织人才网络，更好地发挥社会组织在促进国家治理体系建设方面的作用。

5.2.4　大数据建设推进社会组织人才服务水平

马克思认为，一种科学只有在成功地运用数学时，才算达到了真正完善的地步。[①] 大数据是以容量大、类型多、存取速度快、应用价值高为主要特征的数据集合，正快速发展为对数据巨大、来源分散、格式多样的数据进行采集、存储和关联分析，从中发现新知识、创造新价值、提升新能力的新一代信息技术和服务业态。[②] 大数据数量大、构成杂、变化快，是数据积累由量变到质变的结果，是人类认识世界的新工具；利用大数据洞察重点、洞察规律、洞察关系、洞察趋势、洞察需求、洞察秋毫的本质特性，加快人才管理的公共信息平台建设，建立健全人才信息的采集、统计和分析，建立社会组织人才大数据信息平台，并以此为基础建设社会组织人才服务网络平台，逐步实现人才服务网络化，为用人单位和人才提供双向的公共信息化服务，并做到全国上下联动、左右贯通，为国家战略的全球布局提供社会组织的数据支撑，构建服务中国社会和国家建设的社会组织人才服务大数据体系。

5.2.5 建立社会组织人才服务内容及服务标准指标体系

社会组织人才服务体系最基本的功能是为社会组织人才提供各种服务，其基本服务目录涉及社会组织人才发展和社会组织人才管理体系，发展体系包括人才选拔及培养服务、人才交流服务、人才评价服务、人才激励服务；管理体系包括人才中介服务、人才保障服务、人才流动配置服务、人才信息平台服务。注重社会组织人才所从事职业的公益性，其服务内容及服务标准指标应当体现"公共性"与"社会性"的特征，促进我国社会组织工作与国际接轨，设计具有中国特色又符合国际化要求的社会组织人才服务标准指标体系（见表5-1）。

---

① 〔法〕保尔·拉法格：《回忆马克思恩格斯》，人民出版社，1973。
② 《国务院关于印发促进大数据发展行动纲要的通知》，2015年8月31日。

表5-1　社会组织人才服务标准指标体系

一级目录	二级目录	三级目录	服务内容	服务标准指标
社会组织人才服务	社会组织人才发展体系	人才选拔及培养服务	(1)支持各类专业化培训机构制订适合社会组织人才需求的培训计划 (2)组织和发布社会组织在职教育或培训信息 (3)在民政院校中推行学历证书和职业资格证书并重的"双证书"制度	是否建立和不断完善分领域、分层次、适合不同人才特点的人才培养体系
		人才交流服务	搭建社会组织人才、政府人才、企业人才的交流平台	是否建立畅通多样、渠道广泛的跨界人才交流机制
		人才评价服务	进行社会组织专业人才资格认证和职称评定	是否建立和不断完善以公平、平等、竞争为导向的职业资格认证和职称评定体系
		人才激励服务	制定社会组织人才薪酬和工资指导方案,在工资待遇或社会福利方面重点支持持证上岗人员	是否建立行之有效的人才激励机制和多元的人才激励体制
	社会组织人才管理体系	社会组织人才中介服务	(1)发布社会组织人才供求信息 (2)制定专业行业标准	是否及时准确发布社会组织人才信息
		人才保障服务	(1)代理社会组织人才的社会保险 (2)代理社会组织人才的公积金管理	(1)是否及时公布国家社会保险、公积金管理的相关规定 (2)是否及时协助办理社会保险报销以及公积金的提取
		人才流动配置服务	(1)完善劳动合同 (2)管理社会组织人才的档案	是否严格按照相关规定进行劳动合同以及档案的相关管理
		信息平台服务	(1)发布社会服务信息 (2)广泛开展宣传活动	是否采取有效措施为社会组织人才提供公共服务,并大力宣传社会工作的专业化形象,提升人们对社会组织的认同感

5.3 我国社会组织人才服务体系
建构的政策设计

我国社会组织人才服务体系建设是我国国家治理体系建设的重要组成部分，必须全面贯彻党的十八大和十八届三中全会、四中全会、五中全会精神，按照"五位一体"总体布局和"四个全面"战略布局，紧紧围绕全面建成小康社会的目标，将"创新、协调、绿色、开放、共享"的理念融入我国社会组织人才服务体系建设的全局，根据《国家中长期人才发展规划纲要（2010～2020 年)》以及《全国民政人才中长期发展规划（2010～2020 年)》的基本方针，坚持公益导向、服务社会的原则，在国家治理现代化进程中，从社会治理重要主体的视角，重构中国特色的社会组织人才服务体系。

5.3.1 完善社会组织人才发展的宏观指导政策体系

（1）从社会治理高度认识社会组织人才发展的重要性，通过广泛开展宣传活动，形成全社会关心、支持社会组织、尊重社会组织人才的良好社会环境，营造稳定的人才发展环境。全面贯彻党的十八届三中全会提出的创新社会治理体制，实现政府治理、社会自我调节以及居民自治的良性互动的精神，着力解决影响社会组织人才队伍建设的认识问题和舆论问题，形成与社会组织发展需要相适应的思想观念；营造鼓励社会大众参与社会治理的社会氛围；实现由单纯以物质环境改善为主向社会组织人才政策法规环境、人才事业发展环境、人才工作环境建设并行的转变。

（2）将社会组织人才发展纳入国家中长期发展规划。按照《国家中长期人才发展规划纲要（2010～2020年）》要求，以"人才规划"为契机，着力进行体制、机制和政策创新，培养造就规模适当、结构优化、布局合理、素质优良的社会组织人才队伍，把社会组织人才纳入各地人才培养的统一规划，纳入国家专业技术人才知识更新工程和国家高技能人才振兴计划。

（3）构建多元化的社会组织人才发展培育网络。制定《国家社会组织人才发展规划》，力争在未来十年内形成一个辐射宽广的社会组织人才网络，为更好地发挥社会组织在促进社会管理创新方面的积极作用提供人才保证和智力支持。

5.3.2　健全社会化的社会组织专业人才职称序列

社会组织专业人才职称序列不仅是对社会组织专职人才能力的承认，也反映了社会组织人才的专业技术或学术水平等级。为此，应打通职业资格认证和技术职务管理制度之间的通道，将取得职业水平证书的专业人才纳入社会组织专职管理范围。鼓励用人单位根据工作需要聘用持有职业水平证书的专业人才。并且，要畅通社会组织职称评定通道，使国有企业、非公有制企业、社会组织、事业单位之间，在同一框架下评定职称并互相认可，促进社会组织人才与国有企业、非公有制企业、事业单位人才的有效衔接。

5.3.3　建立科学合理的社会组织人才服务标准

（1）完善社会组织人才评价标准。以社会化的人才评价机制为重点建立健全社会组织人才评价工作的相关法规及实施细则，制定相应的社会化人才评价体系和标准，促进社会组织人才考核评价逐步走向科学化，并确保人才评价工作的规范化和健康有序发展。

（2）健全社会组织人才激励及保障标准。以盘活现有社会组织人才存量，促进人才资本增值为目标建立健全社会组织人才激励与保障政策体系。逐步实现以人才资本价值实现为本质、职业化管理为途径的激励体系，推行专业技术人才职业资格制度；建立和完善社会组织人才在户籍管理、社会保险、绩效评价、薪资标准、劳动合同等方面的政策制度，夯实制度保障基础。

（3）加强社会组织人才服务机构的主体地位。按照政府主导、社会合作的原则构建社会组织服务平台，并充分发挥社会组织人才服务机构的人才信息平台作用，加快人才管理的公共信息平台建设，逐步实现人才服务网络化，切实了解把握社会组织人才现状，建立社会组织人才大数据，及时重点反映社会组织人才的突出特点和需求，为用人单位和社会组织人才提供双向的公共信息化服务。

5.3.4　规范社会组织专业人才培养体系与相关专业学科建设

（1）加强社会组织人才能力建设。发挥社会组织人才服务体系的积极作用，进一步明确社会组织会员管理师、劝募师的考试内容、考试方法、培养体系以及资格认证方式等，加快开展会员管理师、劝募师的职业资格考试与认定工作，并逐步规范和完善社会组织在职人员培训课程的开发管理、培训认证等制度建设，避免重复及无效的培训。

（2）完善社会组织相关专业的学科建设。设立"社会组织"相关专业，完善社会组织相关的学科教育培养体系，通过修订与完善国务院学位委员会、教育部制定的《学位授予和人才培养学科目录》，逐步建立社会组织专业高职、本科、硕士、博士等不同层次的人才培养体系。完善以能力培养为本位，以专业教学为基础，以工作过程为主导的"岗—课—证"融通的项目化课程体系。

参考文献

[1] 陆士桢、刘庆帅：《社会组织与青年公益人才发展趋势研究——基于深圳、广州的实地调研》，《中国青年社会科学》2018年第1期，第55~60页。

[2] 路钰启：《非政府组织与社会救助人才培养探析》，《人才资源开发》2017年第16期，第115~116页。

[3] 赵函：《全国性社会组织人才招聘专区首次入驻"全国中高级人才洽谈会"》，《中国民政》2017年第15期，第43页。

[4] 张瑾：《一次破解社会组织中高级人才招聘难的有益尝试——2017年全国中高级人才洽谈会暨职场英才招聘会采访侧记》，《中国社会组织》2017年第15期，第26~28页。

[5] 张红伟：《加快社会组织人才队伍建设》，《学会》2017年第5期，第24页。

[6] 郭怡：《中国生态环境类社会组织专业人才培养研究》，《科技进步与对策》2017年第8期，第147~153页。

[7] 蒋丽华：《加大人才培养 破解发展难题——常州市武进区大力开展社会组织负责人能力提升培训》，《中国社会组织》2017年第3期，第46页。

［8］康志平：《社会组织人才专业化长效机制研究——以汕头市若干社会组织为例》，《产业与科技论坛》2016 年第 15 期，第 218～219 页。

［9］左良凯、陈旭良：《突出需求导向　注重培训实效——舟山市举办社会组织中青年领军人才高级研修班》，《中国社会组织》2016 年第 19 期，第 41～42 页。

［10］陆雨锋：《人才社会组织发展问题及对策研究》，《南通航运职业技术学院学报》2016 年第 3 期，第 6～8、29 页。

［11］陈书洁：《治理转型期社会组织专业人才生长机制研究——基于深圳的实践》，《中国社会科学院研究生院学报》2016 年第 5 期，第 76～81 页。

［12］陈书洁：《合作治理中社会组织吸纳专业人才的制度环境与路径分化》，《中国行政管理》2016 年第 9 期，第 59～64 页。

［13］袁荣珊：《构建社会组织人才队伍建设的长效机制》，《职业技术》2016 年第 6 期，第 29～32 页。

［14］李长文：《我国社会组织人才职业化刍议》，《中国社会组织》2016 年第 11 期，第 40～42 页。

［15］季云岗：《内蒙古首届社会组织人才招聘会　投身社会组织　实现人生理想》，《中国社会组织》2016 年第 10 期，第 27 页。

［16］顾维民：《如何吸引更多优秀人才加盟社会组织》，《学会》2016 年第 5 期，第 26～27 页。

［17］穆飒：《高校与社会组织在竞技体育人才培养中的合作困境及对策》，《教育教学论坛》2016 年第 17 期，第 163～

164 页。

[18] 曹方平：《基于 SWOT 分析法的深圳市南山区社会组织人才开发研究》，《管理观察》2016 年第 1 期，第 55～56、59 页。

[19] 曹方平：《我国社会组织人才开发的现状及特点浅析》，《河北企业》2015 年第 12 期，第 120～122 页。

[20] 王兴彬、王冰洁：《教育培训"顶层设计"出台　制约社会组织发展的人才瓶颈亟待"破冰"》，《中国社会组织》2015 年第 23 期，第 29～30 页。

[21] 周巍、杨楠：《应用型人才培养视角下的基层共青团组织社会主义核心价值观教育路径研究》，《中小企业管理与科技年（下旬刊）》2015 年第 11 期，第 193 页。

[22] 张艳华：《基于社会组织人才素质的高校教育环境实证评估——以南京市高校为例》，《佳木斯职业学院学报》2015 年第 11 期，第 222～223 页。

[23] 张艳华：《基于社会组织人才素质的高校教育环境评估体系》，《镇江高专学报》2015 年第 4 期，第 10～13 页。

[24] 王曼：《培育社会组织人才亟须优化环境》，《中国社会组织》2015 年第 13 期，第 51～52 页。

[25] 蔡波毅、和慧卿：《成都市社会组织人才队伍建设工作调研报告》，《中国社会组织》2015 年第 11 期，第 40～42 页。

[26] 《苏州社会组织广纳人才》，《学会》2015 年第 5 期，第 52 页。

[27] 孔国庆、梁君、梁实、刘丹：《鄂州市基层社会工作组织孵化器及其人才培养研究》，《鄂州大学学报》2015 年第

22 年第 1 期，第 12 ~ 14 页。

[28] 李敏、王小春、屠其雷、王红、雷宏：《基于云模式的社会组织人才管理系统分析》，《生产力研究》2014 年第 9 期，第 122 ~ 124、137 页。

[29] 陈宝莲：《上海市静安区：人才培育是社会组织发展前提》，《中国社会组织》2014 年第 17 期，第 32 ~ 34 页。

[30] 沙俐：《我国社会组织发展中的人才困境及对策研究》，《现代商贸工业》2014 年第 16 期，第 77 ~ 78 页。

[31] 朱勤：《社会组织发展应与国家战略高度一致——访上海人才服务行业协会秘书长朱庆阳》，《中国社会组织》2014 年第 12 期，第 18 ~ 19 页。

[32] 《人力资源社会保障部组织开展全国技能人才队伍建设宣传活动》，《人事天地》2014 年第 6 期，第 61 页。

[33] 王名：《建立健全社会组织人才培养体系》，《经济界》2014 年第 3 期，第 18 ~ 19 页。

[34] 李长文：《社会组织人才专业化研究综述》，《社会福利年（理论版）》2014 年第 4 期，第 61 ~ 63、52 页。

[35] 李长文、赵淑英：《社会组织人才培养体系初探》，《中国民政》2014 年第 3 期，第 41 页。

[36] 赵晓明：《集聚激发社会组织活力的人才力量》，《中国社会组织》2014 年第 5 期，第 18 页。

[37] 张恽、张利、蔡爽：《上海市社会公益组织人才队伍建设探索》，《上海青年管理干部学院学报》2013 年第 2 期，第 10 ~ 13 页。

[38] 和慧卿：《建设社会组织人才队伍的思考》，《中国社会组

织》2013 年第 4 期，第 40 ~ 41 页。

[39] 罗慧芳：《社会组织在培养高素质翻译人才中的作用——以中国翻译协会为例》，《中国校外教育》2013 年第 10 期，第 77 页。

[40] 郁建兴、任婉梦：《德国社会组织的人才培养模式和经验》，《中国社会组织》2013 年第 3 期，第 46 ~ 49 页。

[41] 田青、戴桂英：《创新社会人才组织管理　助推人才强国战略》，《中国经贸导刊》2013 年第 7 期，第 55 ~ 56 页。

[42] 郁建兴：《美国社会组织的人才培养模式和经验》，《中国社会组织》2013 年第 1 期，第 49 ~ 51 页。

[43] 郭德厚、李建涛、田翠华：《论社会组织支持地方高校人才培养的探索——以惠州学院为例》，《惠州学院学报年（社会科学版）》2012 年第 5 期，第 81 ~ 85 页。

[44] 陆慧新：《对打造社会组织领军人才高地的若干思考——以上海的实践为例》，《社团管理研究》2012 年第 10 期，第 36 ~ 37 页。

[45] 《上海市浦东新区启动青年社会组织领军人才培训》，《社团管理研究》2012 年第 7 期，第 62 页。

[46] 张绍华：《社会组织社会工作人才队伍建设研究》，《社团管理研究》2012 年第 7 期，第 47 ~ 49 页。

[47] 康雪：《关于加强社会组织人才队伍建设的若干思考》，《社团管理研究》2012 年第 4 期，第 41 ~ 42 页。

[48] 程勇：《与 NGO 组织项目合作培养社会工作人才刍议》，《中国人才》2012 年第 8 期，第 164 ~ 165 页。

[49] 朱树好：《高校和社会组织合作培养竞技体育人才的动因

研究》，《运动》2012 年第 6 期，第 6 ~ 7、147 页。

[50] 罗美侠、曲文勇：《社会组织人才建设现状浅析——以黑龙江省为例》，《社会工作年（学术版)》2011 年第 12 期，第 82 ~ 84 页。

[51] 李莉：《以社会资本为视角的社会组织专业人才管理模式》，《社团管理研究》2011 年第 12 期，第 13 ~ 14 页。

[52] 刘惠苑、叶萍：《广东社会组织人才状况及策略研究》，《学会》2011 年第 11 期，第 10 ~ 13 页。

[53] 张荣妹：《太原将建立社区社会组织孵化器 广泛发现有潜力的社会人才》，《学会》2011 年第 10 期，第 61 页。

[54] 李莉、宋蕾放：《以社会资本为视角的社会组织专业人才管理模式探析》，《社团管理研究》2011 年第 10 期，第 39 ~ 42 页。

[55] 林金良：《打造世界城市与社会组织人才建设》，《社团管理研究》2011 年第 2 期，第 62 ~ 63 页。

[56] 《社会组织人才队伍建设论坛在海南召开》，《社团管理研究》2010 年第 12 期，第 62 页。

[57] 廖鸿、刘宝泉：《做好社会组织人才服务工作 推动社会组织人才战略实施》，《社团管理研究》2010 年第 8 期，第 4 ~ 5 页。

[58] 付华伟：《新疆社会中介组织人才发展浅析》，《中共乌鲁木齐市委党校学报》2010 年第 1 期，第 46 ~ 49 页。

[59] 康燕燕：《高职社会组织管理专业"渗透型"合作共建人才培养创新模式的构建》，《消费导刊》2009 年第 8 期，第 106 页。

[60] 阿达、吴燕子：《一流的园区需要一流的干部和人才队伍——专访成都高新区党工委委员、组织部长、人事劳动和社会保障局局长袁宗勇》，《西部广播电视》2009年第1期，第62～63页。

[61] 《为坚持走中国特色社会主义工会发展道路提供坚强的组织保证和人才支持》，《中国工运》2008年第6期，第19～21页。

[62] 杨金平、万江红：《社会工作专业人才与公益性民间组织发展初探》，《学会》2008年第3期，第19～21页。

[63] 杨金平、万江红：《社会工作人才与公益性民间组织发展初探》，《人才开发》2008年第2期，第17～18页。

[64] 程玉莲：《内部人才培养是社会组织竞争力的重要基础》，《求实》2004年第S1期，第126～127页。

[65] 《建设学习型社会 推进学习型组织在中国发展系列专题之一——创建学习型企业 企业生存发展之根本——拥有学习型人才》，《招商周刊》2004年第51期，第62页。

[66] 王文奎：《论社会组织的内部人才开发》，《人才开发》2004年第1期，第18～19页。

[67] 汪穗福、颜红：《组织营销社会实践 培养医药营销人才》，《现代技能开发》1999年第12期，第35～36页。

[68] 李宁：《浅谈社会主义市场经济条件下高校组织人事干部的人才观念》，《黑龙江高教研究》1995年第3期，第38～39页。

[69] 张革华：《深化社会实践活动 培养适应社会主义市场经济的合格人才——对深圳大学建筑系教学组织活动的思

考》，《高等理科教育》1995 年第 1 期，第 67～71 页。

［70］周国岭：《搞好党的基层组织建设 培养社会主义合格人才》，《中州大学学报》1991 年第 Z1 期，第 16～19、23 页。

［71］郑孟煊：《社会组织系统中机构法规、人才之间的对应关系》，《领导科学》1986 年第 4 期，第 16～17 页。

［72］郑孟煊：《社会组织系统中机构、法规、人才间的对应关系》，《广东社会科学》1986 年第 1 期，第 100～104 页。

附录 中央政策文件中对社会组织人才队伍建设的重要规定摘编

决胜全面建成小康社会
夺取新时代中国特色社会主义伟大胜利
——习近平在中国共产党第十九次全国代表大会上的报告

人才是实现民族振兴、赢得国际竞争主动的战略资源。要坚持党管人才原则，聚天下英才而用之，加快建设人才强国。实行更加积极、更加开放、更加有效的人才政策，以识才的慧眼、爱才的诚意、用才的胆识、容才的雅量、聚才的良方，把党内和党外、国内和国外各方面优秀人才集聚到党和人民的伟大奋斗中来，鼓励引导人才向边远贫困地区、边疆民族地区、革命老区和基层一线流动，努力形成人人渴望成才、人人努力成才、人人皆可成才、人人尽展其才的良好局面，让各类人才的创造活力竞相迸发、聪明才智充分涌流。

……

破除妨碍劳动力、人才社会性流动的体制机制弊端，使人人都有通过辛勤劳动实现自身发展的机会。

中共中央办公厅 国务院办公厅
关于改革社会组织管理制度促进社会组织
健康有序发展的意见

四、完善扶持社会组织发展政策措施

（三）完善人才政策。把社会组织人才工作纳入国家人才工作体系，对社会组织的专业技术人员执行与相关行业相同的职业资格、注册考核、职称评定政策，对符合条件的社会组织专门人才给予相关补贴，将社会组织人才纳入国家专业技术人才知识更新工程。建立社会组织负责人培训制度，引导其自觉践行社会主义核心价值观，增强社会责任意识和诚信意识。积极向国际组织推荐具备国际视野的社会组织人才。有关部门和群团组织要将社会组织及其从业人员纳入有关表彰奖励推荐范围。民政部、人力资源和社会保障部要会同有关部门研究制定加强社会组织人才工作的意见。

国务院
关于促进慈善事业健康发展的指导意见

五、加强对慈善工作的组织领导

（三）完善慈善人才培养政策。要加快培养慈善事业发展急需的理论研究、高级管理、项目实施、专业服务和宣传推广等人才。加强慈善从业人员劳动权益保护和职业教育培训，逐步建立健全以慈善从业人员职称评定、信用记录、社会保险等为主要内容的人力资源管理体系，合理确定慈善行业工作人员工资待遇水平。

民政部关于贯彻落实
《国务院关于促进慈善事业健康发展的
指导意见》的通知

　　（十一）做好表彰奖励、人才培养、宣传倡导等工作。按照各地人民政府要求，积极开展有关慈善表彰奖励活动，对为慈善事业发展做出突出贡献、社会影响较大的个人、法人或者组织依据有关规定予以表彰。支持高等院校、慈善组织等开展慈善事业专业人才培养工作。大力宣传各类慈行善举和正面典型，为慈善事业发展营造良好社会氛围。

中共中央宣传部、中央文明办、民政部等
关于支持和发展志愿服务组织的意见

（十）创新人才培养机制。国家层面建立志愿服务组织人才示范培训机制，有条件的地区可依托高等院校、党校、团校等教育培训机构建立志愿者培训基地，加快培养一批长期参与志愿服务、熟练掌握服务知识和岗位技能的志愿者骨干，着力培养一批富于社会责任感、熟悉现代管理知识、拥有丰富管理经验的志愿服务组织管理人才。国家机关、群团组织、企事业单位、其他社会组织和基层群众性自治组织要积极支持本单位、本社区的专业人才加入志愿服务组织，开展志愿服务活动，不断优化志愿者队伍结构。志愿服务组织要注重招募、使用专业志愿者，建立健全志愿者日常管理培训制度，对于专业性要求高的志愿服务项目，要强化专业知识和技能培训，不断提高志愿者能力素质。引导志愿服务组织通过规范招募、科学管理、创新服务，培养、吸引和留住优秀志愿者。

民政部
关于大力培育发展社区社会组织的意见

（四）促进能力提升。加强社区社会组织人才培养，通过强化业务培训、引导参加相关职业资格考试等措施，着力培养一批热心社区事务、熟悉社会组织运作、具备专业服务能力的社区社会组织负责人和业务骨干。推动建立专业社会工作者与社区社会组织联系协作机制，发挥专业支撑作用，提升社区社会组织服务水平。强化社区社会组织项目开发能力，通过开展社区服务项目交流会、公益创投大赛等方式，指导社区社会组织树立项目意识，提升需求发现、项目设计、项目运作水平。推进社区社会组织品牌建设，引导优秀社区社会组织完善自身发展规划和品牌塑造，加强公益活动宣传，提高品牌辨识度和社会知晓度。指导社区社会组织规范资金使用和活动开展，强化决策公开和运作透明，不断提升服务绩效和社会公信力。

中央组织部、中央政法委、民政部等18个部门
关于加强社会工作专业人才队伍建设的意见

为深入贯彻党的十七大精神，全面落实《中共中央关于构建社会主义和谐社会若干重大问题的决定》和《中共中央、国务院关于加强和创新社会管理的意见》要求，努力造就一支高素质的社会工作专业人才队伍，为构建社会主义和谐社会提供有力的人才支撑，现就加强社会工作专业人才队伍建设提出如下意见。

一、加强社会工作专业人才队伍建设是构建社会主义和谐社会的一项重大而紧迫的战略任务

1. 充分认识加强社会工作专业人才队伍建设的重要性和紧迫性。构建社会主义和谐社会是党中央从中国特色社会主义事业总体布局和全面建成小康社会全局出发提出的重大战略任务。实现这项战略任务，必须在经济发展基础上，加快推进以保障和改善民生为重点的社会建设，加强和创新社会管理，大力发展社会事业，培养造就一支数量充足、结构合理、素质优良的社会工作专业人才队伍。社会工作专业人才是具有一定社会工作专业知识和技能，在社会福利、社会救助、慈善事业、社区建设、婚姻家庭、精神卫生、残障康复、教育辅导、就业援助、职工帮扶、犯罪预防、禁毒戒毒、矫治帮教、人口计生、纠纷调解、应急处置等领域直接提供社会服务的专门人员。充分发挥他们在困难救助、矛盾调处、人文关怀、心理疏导、行为矫治、关系调适等个性化、多样化服务方面的专业优势，对解决社会问题、应对社会

风险、促进社会和谐、推动社会发展具有重要基础性作用。

改革开放尤其是党的十六届六中全会以来，我国社会工作专业人才队伍建设取得重要成绩，社会工作专业教育初具规模，人才培养力度逐步加大，制度建设稳步推进，实践探索不断深入；社会工作专业人才在提高社会服务水平、解决群众困难、化解社会矛盾、减少不和谐因素等方面作用日益显现。但总体看，社会工作专业人才队伍发展滞后，还存在体制机制和政策制度不完善，人才数量缺口很大、能力素质不高、结构不合理等问题，与人民群众日益增长的社会服务需求不相适应，与构建社会主义和谐社会的要求相比尚有较大差距。要从深入贯彻落实科学发展观、构建社会主义和谐社会、提高党的执政能力、夯实党的执政基础的全局和战略高度，充分认识加强社会工作专业人才队伍建设的重大意义，进一步解放思想，更新观念，采取有力措施，加快推进社会工作专业人才队伍建设。

二、加强社会工作专业人才队伍建设的指导思想、工作原则和目标任务

2. 加强社会工作专业人才队伍建设的指导思想。高举中国特色社会主义伟大旗帜，以邓小平理论和"三个代表"重要思想为指导，深入贯彻落实科学发展观，立足于我国经济社会发展的客观需要，适应加强和创新社会管理的现实需求，按照实施人才强国战略的总体部署，以人才培养为基础，以人才使用为根本，以人才评价激励为重点，以政策制度建设为保障，努力建设一支高素质的社会工作专业人才队伍，为构建社会主义和谐社会和巩固党的执政基础提供有力的人才支撑。

3. 加强社会工作专业人才队伍建设的工作原则。坚持党的

领导，确保社会工作专业人才队伍建设的正确政治方向；坚持政府推动，各级政府切实履行依法规范、政策引导、资金投入等方面的职责；坚持社会参与，鼓励社会组织、企事业单位和社会公众支持社会工作专业人才队伍建设；坚持突出重点，优先培养为有特殊困难的群体、家庭和个人服务的社会工作专业人才，推动各地区、各行业、各领域、各层次社会工作专业人才队伍协调发展；坚持立足基层，加强基层社会服务平台建设，引导社会服务资源向基层倾斜，鼓励社会工作专业人才到基层服务；坚持中国特色，对国（境）外社会工作专业人才队伍建设形成的优秀成果进行有益的借鉴，着力建设符合中国国情、体现时代精神、适应社会需要的社会工作专业人才队伍。

4. 加强社会工作专业人才队伍建设的目标任务。当前和今后一个时期，要大规模开展专业培训，大幅度提升现有从事社会服务人员的专业素质和职业能力，逐步扩大社会工作专业人才队伍规模；深化社会工作专业教育改革，完善社会工作专业培训体系，初步形成适合我国国情的社会工作专业人才培养模式；逐步建立社会工作专业人才培养、选拔、使用、流动、评价、激励等方面的政策法规体系；着力加强中国特色社会工作专业人才理论研究和宣传普及，提升社会工作专业人才的认知度和认可度；加大社会工作专业人才使用力度，形成各地各部门共同推进社会工作专业人才队伍建设的总体态势。到2020年，建立较为完善的社会工作专业人才队伍建设运行机制和工作格局，使社会工作专业人才队伍的数量、结构和素质能力适应构建社会主义和谐社会的需要，满足广大人民群众不断增长的服务需求。

三、大力加强社会工作专业教育培训

5. 统筹规划社会工作专业教育培训。根据社会工作专业人才队伍现状和经济社会发展趋势，研究制定社会工作专业人才教育培训规划，建立教育培训长效机制。合理配置教育培训资源，明确不同地区、不同领域、不同层次社会工作专业人才教育培训重点任务和保障措施，加快建立不同层次教育协调配套、专业培训和知识普及有机结合的社会工作专业人才培养体系。

6. 切实加强社会工作专业人才职业道德建设。以社会主义核心价值体系为基础，按照马克思主义指导思想、中国特色社会主义共同理想、以爱国主义为核心的民族精神、以改革创新为核心的时代精神和社会主义荣辱观的基本要求，研究制定社会工作专业人才职业道德守则和专业行为规范，构建中国特色的社会工作专业人才职业道德体系。积极开展社会工作专业人才队伍职业道德教育，强化社会工作专业人才的社会责任感和职业认同感。加强社会工作专业人才队伍作风建设，促使他们践行以人为本、为民解困、为民服务的工作理念，培养扎根基层、注重实践、务实进取、甘于奉献、诚信友爱的良好作风。

7. 大力开展社会工作专业培训。建立健全社会工作专业培训制度。组织实施社会工作服务人才职业能力建设工程，重点对城乡基层居（村）民自治组织、社区服务组织、公益服务类事业单位、公益慈善类社会组织、基层社会服务部门直接从事社会服务的人员进行大规模、系统化的社会工作专业知识培训，切实提高其职业素质和专业水平。实施高层次社会工作专业人才培养工程，培养一批高层次社会工作专业人才，发挥他们在社会工作专业教育、研究与督导等方面的重要作用。实施社会工作管理人才综合素质提升工程，重点加大社会福利、社会救助、社区服务、残障康复、婚姻家庭、职工帮扶等社会服务机构管理人才培养力度，提高社会工作服务管理的科学化水平。对涉及社会管理和公共服务工作的党政部门、人民团体、相关事业单位、部分执法单位的干部特别是领导干部有计划、有步骤地进行社会工作基础理论、专业知识和方法技能培训，提高其开展社会服务、管理社会事务、协调利益关系、做好群众工作、构建和谐社会的能力。对下派基层锻炼的党政部门、人民团体、相关事业单位、部分执法单位的干部和选聘到村、社区任职的大学毕业生要普及社会工作专业知识。依托有条件的高校、干部学院、科研院所、培训机构、社会服务机构开展培训工作。分领域研究、开发社会工作培训课程和教材。加大社会工作培训师资队伍建设，打造一支专兼职结合、理论与实务水平较高的培训师资队伍。制定社会工作培训质量评估政策和指标体系，加强对培训机构的评估和监督。

8. 大力发展社会工作专业教育。加强社会工作学科专业体系建设，制定科学的专业设置标准，完善社会工作专业教学规范。支持社会工作专业学士、硕士、博士学位授权点基础建设，积极推广社会工作硕士专业学位教育，促进社会工作硕士专业学位教育与社会工作专业人才职业水平考试相衔接。推动社会工作学科重点研究及人才培养基地建设。发展社会工作高等职业教育，改善职业教育结构，逐步形成完善的职业教育体系。改革、完善社会工作专业人才培养模式，提高实践教学在学校教育中的比重，健全实习督导制度，加大实践教学和实习基地建设力度。组织实施社会工作教育与研究人才培养引进工程，适应社会工作专业人才培养和专业发展需要，重点培养和引进一批高素质社会工作教育与研究人才。建立教师参与社会工作实践制度，鼓励一线优秀社会工作专业人才到高校授课。系统总结中国社会工作经验和做法，借鉴国外社会工作专业理论和方法，建构中国特色的社会工作专业理论、课程和教材体系。通过国家社科基金项目、国家软科学研究计划等，支持社会工作专业相关研究。促进社会工作学术团体和平台建设。加强对高校相关专业学生的社会工作通识教育。

四、积极推动社会工作专业岗位开发和专业人才使用

9. 研究并制定社会工作专业岗位开发设置政策措施。与我国加强社会建设的进程相适应，深入研究城乡社区、相关单位和社会组织使用社会工作专业人才的政策措施。按照精简效能、按需设置、循序渐进的原则，研究社会工作专业岗位设置范围、数量结构、配备比例、职责任务和任职条件，建立健全社会工作专业岗位开发设置的政策措施和标准体系。

10. 以基层为重点配备社会工作专业人才。城乡基层特别是城市社区要注重配备和使用社会工作专业人才，提高社会服务专业水平，促进社会服务业发展。适应社会主义新农村建设要求，加大为农村特殊群体和困难群众提供服务的社会工作专业人才培养力度，在乡镇和有条件的农村社区探索吸纳和使用社会工作专业人才。创造条件引导和鼓励社会工作专业人才到农村社区开展服务。在少数民族聚居和信教群众较多的社区，可根据需要配备政治立场坚定、熟悉民族和宗教事务的社会工作专业人才。

11. 明确相关事业单位社会工作专业岗位。要根据事业单位社会功能、职责任务、工作性质、人员结构等因素，分类设置社

会工作专业岗位。对老年人福利机构、残疾人福利和服务机构、儿童福利机构、收养服务机构、妇女儿童援助机构、困难职工帮扶机构、婚姻家庭服务机构、青少年服务机构、社会救助服务和管理机构、优抚安置服务保障机构等以社会工作服务为主的事业单位，可将社会工作专业岗位明确为主体专业技术岗位。对学校、医院、人口计生服务机构等需要开展社会工作服务的单位，要将社会工作专业岗位纳入专业技术岗位管理范围。

12. 引导相关社会组织吸纳社会工作专业人才。适应政府职能转变、建设服务型政府的要求，按照培育发展和管理监督并重原则，完善培育扶持和依法管理政策，积极发展民办社会工作服务机构。采取财政资助、提供服务场所等方式支持民办社会工作服务机构更好地开展工作。加强对民办社会工作服务机构的管理监督，建立健全专业评估机制，指导民办社会工作服务机构加强自身建设，促进民办社会工作服务机构健康发展。通过政府购买服务等方式，引导和鼓励公益慈善类社会组织和民办非企业单位吸纳社会工作专业人才。

13. 加大相关行政部门和群团组织使用社会工作专业人才力度。承担社会服务职能的相关行政部门和群团组织要根据事业发展需要逐步使用社会工作专业人才，提高社会服务管理能力。注重培养选拔熟悉社会工作、社会政策的人才进入地方及有关部门和单位领导班子。县（市、区）、乡（镇、街道）行政机关、人民团体中直接面向人民群众提供社会服务的相关岗位，鼓励充实社会工作专业人才，现有人员要善于运用社会工作专业知识和方法，提高社会管理和服务水平。

14. 建立社会工作专业人才流动机制。按照社会主义市场经济规律，打破行业、地域、身份、所有制界限，放宽视野，拓宽渠道，完善社会工作专业人才选拔、流动机制。各级党政机关招录社会服务相关职位公务员时，在同等条件下可优先录用具有丰富基层实践经验、善于做群众工作的社会工作专业人才。实施社会工作专业人才服务新农村建设、社会工作专业人才服务边远贫困地区、边疆民族地区和革命老区等计划，鼓励社会工作专业人才到基层建功立业。

15. 建立社会工作专业人才和志愿者队伍联动服务机制。志愿者队伍是社会工作专业人才开展服务的重要补充力量。建立健全面向全社会的志愿服务动员系统，进一步完善志愿服务体系，普及志愿理念，强化志愿意识，弘扬志愿精神，倡导志愿行为，完善激励机制，培育一支参与广、功能强、作用好的宏大志愿者队伍。建立健全社会工作专业人才和志愿者相互协作、共同开展服务的机制，通过社会工作专业人才，规范志愿者招募注册与管理，提升志愿者服务水平，丰富社会工作专业人才资源，拓展社会工作专业服务范围，增强社会工作专业服务效果。

五、切实推进社会工作专业人才评价和激励工作

16. 建立健全社会工作专业人才评价制度。建立以岗位职责要求为基础，以品德、能力和业绩为导向，科学化、社会化的社会工作专业人才评价机制。完善社会工作专业人才职业水平评价制度，将取得职业水平证书的社会工作专业人才纳入专业技术人员管理范围。支持城乡基层居（村）民自治组织、社区服务组织、公益服务类事业单位、公益慈善类社会组织、基层社会服务部门相关人员参加社会工作专业人才职业水平考试，不断提高职业素质和专业水平。鼓励用人单位根据工作需要聘用持有职业水

平证书的社会工作专业人才。

17. 做好社会工作专业人才薪酬保障工作。建立健全社会工作专业人才薪酬保障机制，切实提高基层社会工作专业人才薪酬待遇水平。在事业单位工作的社会工作专业人才，工资待遇按照国家有关规定执行；在城乡社区、公益慈善类社会组织、民办非企业单位工作的社会工作专业人才，由所在单位合理确定薪酬水平。重视解决社会工作专业人才的社会保障问题，按照国家有关规定办理社会保险事宜。

18. 建立社会工作专业人才表彰奖励制度。以党委、政府表彰奖励为导向，以用人单位和社会力量为主体，按照国家有关规定开展表彰奖励活动。将符合条件的社会工作专业人才纳入享受国务院政府特殊津贴范围。按照国家政策表彰奖励业绩突出、能力卓著、群众认可的优秀社会工作专业人才，大力宣传社会工作专业人才队伍建设方针政策和优秀社会工作专业人才的先进事迹，形成关心支持、理解尊重社会工作专业人才的良好社会氛围，激发广大社会工作专业人才的工作热情和创造潜能。

六、加强党对社会工作专业人才队伍建设的领导

19. 建立健全领导体制和工作格局。坚持党管人才原则，切实加强党对社会工作专业人才队伍建设的领导，建立组织部门牵头抓总，民政部门具体负责，机构编制、发展改革、教育、公安、司法、财政、人力资源社会保障、卫生、人口计生、信访、扶贫等部门以及工会、共青团、妇联、残联等组织密切配合，社会力量广泛参与的工作格局。组织部门要做好社会工作专业人才队伍建设的宏观指导、综合协调；民政部门要加强社会工作专业人才管理机构和队伍建设，切实履行好推进社会工作专业人才队

伍建设的有关职能；有关部门要在各自职责范围内积极推进社会工作专业人才队伍建设；工会、共青团、妇联及残联等组织要充分发挥自身优势，大力加强本系统、本领域社会工作专业人才队伍建设，提高其联系群众、服务群众、教育群众、维护群众合法权益等工作的水平和效果。将社会工作专业人才队伍建设纳入国民经济和社会发展总体规划，制定社会工作专业人才队伍建设中长期发展规划，形成推进社会工作专业人才队伍建设长效机制。将社会工作专业人才队伍建设作为人才队伍建设的重要内容，纳入地方和有关部门领导班子考核。加强社会工作行业性组织建设。

20. 加快推进社会工作专业人才政策法规和制度建设。逐步建立健全法律法规、部门规章和政策性文件相配套的社会工作专业人才政策法规体系。研究并制定社会工作专业人才管理条例，建立健全社会工作专业人才信息披露、专业督导、服务评估、行业自律、继续教育、违纪处置、职业道德规范等配套制度。根据社会工作专业人才不同服务领域、服务对象的特点和规律，逐步制定行业服务和管理标准，建立科学合理、协调配套的标准体系，加快实施社会工作服务标准化建设示范工程。将社会工作专业人才队伍建设内容纳入社会建设相关法律法规、部门规章和政策性文件制定和修订范围。

21. 加大社会工作专业人才队伍建设投入。各级政府要将应由政府负担的社会工作专业人才队伍建设经费纳入财政预算，加大财政投入。符合条件的社会工作服务机构按国家税收法律法规的统一规定享受相关税收优惠政策。研究制定政府购买社会工作服务政策，引入竞争机制，规范购买程序，完善购买方式，建立综合绩效评价体系。逐步加大民政部门使用的彩票公益金支持社会工作专业人才队伍建设力度。大力拓宽社会融资渠道，鼓励和支持有条件的企业和个人设立非公募基金会，引导社会资金投向社会工作服务领域。

22. 充分发挥基层党组织的领导作用。社会工作专业人才广泛分布在基层。要切实加强对基层社会工作专业人才队伍建设的领导，充分发挥基层党组织的政治优势和组织优势，为推进社会工作专业人才队伍建设提供坚强保障。认真研究新形势下思想政治工作和群众工作的特点和规律，运用社会工作专业知识和科学方法，提高基层党组织和党员干部解决社会问题、推动社会建设的能力。切实加强党对社会工作服务机构的领导，在各类社会工作服务机构建立健全基层党组织。进一步强化社会工作专业人才思想政治工作，把广大社会工作专业人才团结凝聚在党组织周围，协助党和政府做好化解社会矛盾、协调社会关系、落实惠民政策等工作。注重把政治素质好、业务水平高的社会工作专业人才吸纳进党员干部队伍，选拔进基层领导班子，支持有突出贡献的社会工作专业人才进入人大、政协参政议政。热忱关心爱护社会工作专业人才，为他们开展工作和成长发展营造环境、创造条件。

民政部
关于加强和改进社会组织薪酬管理的指导意见

各省、自治区、直辖市民政厅（局），各计划单列市民政局，新疆生产建设兵团民政局：

薪酬是吸引人才、激励人才、留住人才的重要手段，也是社会组织人才队伍建设的重要保障。改革开放以来，随着社会主义市场经济体制的建立和完善，大多数社会组织根据相关法律法规，建立了以岗位为基础的薪酬管理制度。社会组织从业人员"五险一金"制度不断推广，各类补充保险积极探索。但从总体上看，尚未形成与社会组织从业人员相适应的薪酬管理体系。目前，社会组织从业人员薪酬水平总体偏低，缺乏激励性，吸引力不足。正常的薪酬增长机制有待建立，职业上升空间亟待拓宽。一些社会组织薪酬管理存在分配不公平、发放不规范等问题，有的甚至还存在有法不依现象。薪酬问题已成为近年来社会组织从业人员反映最集中最突出的问题。根据党中央、国务院关于构建和谐劳动关系以及薪酬改革的有关精神，为引导社会组织合理确定从业人员薪酬水平，改进薪酬管理，建立健全薪酬水平正常增长机制，以更加有力的举措建设一支与社会组织发展相适应的数量充足、结构合理、素质优良、甘于奉献的专业人才队伍，现就加强和改进社会组织薪酬管理提出以下意见。

一、总体要求和基本原则

加强和改进社会组织薪酬管理的总体要求是：紧紧围绕改革

发展这个大局，服务于社会组织人才队伍建设这个主题，以岗位绩效为导向，以规范化为基础，以制度建设为重点，不断提高薪酬管理的科学化水平，建立健全与社会组织发展相适应的薪酬管理体系。

加强和改进社会组织薪酬管理，要坚持以下原则：坚持注重效率与维护公平相协调，使社会组织从业人员既有平等参与机会又能充分发挥自身潜力，不断激发社会组织活力；坚持激励与约束相统一，按照社会组织从业人员承担的责任和履职的差异，做到薪酬水平同责任、风险和贡献相适应；坚持薪酬制度改革与相关改革配套进行，建立健全社会组织从业人员薪酬水平正常增长机制；坚持物质激励与精神激励相结合，提倡奉献精神，充分调动社会组织从业人员的积极性、主动性和创造性。

二、合理确定薪酬标准

社会组织对内部薪酬分配享有自主权，其从业人员主要实行岗位绩效工资制，薪酬一般由基础工资、绩效工资、津贴和补贴等部分构成。

基础工资是从业人员年度或月度的基本收入，主要根据社会组织自身发展情况、所从事的业务领域和所在地区经济发展水平等因素综合确定。

绩效工资应与个人业绩紧密挂钩，科学评价不同岗位从业人员的贡献，合理拉开收入分配差距，切实做到收入能增能减和奖惩分明。工资分配要向关键岗位和核心人才倾斜，对社会组织发展有突出贡献的从业人员，要加大激励力度。

津贴和补贴是社会组织为了补偿从业人员额外的劳动消耗和因其他特殊原因而支付的辅助工资，以及为了保证从业人员工资水平不受物价影响支付的生活补助费用。

对市场化选聘和管理的社会组织负责人、引进的急需紧缺人才，结合社会组织发展实际，其薪酬水平可由双方协商确定。

三、及时足额兑现薪酬

基础工资、绩效工资、津贴和补贴应列入社会组织管理成本，其中绩效工资根据考核结果及社会组织自身发展情况，可按月度、季度、半年分期兑现或年底集中兑现。薪酬应当以法定货币支付，不得以实物及有价证券替代货币支付。鼓励支付方式电子化。

从业人员依法享受年休假、探亲假、婚假及丧假，期间社会组织应按劳动合同规定的标准支付薪酬。

四、着力规范薪酬管理

社会组织应建立薪酬管理制度，并将其纳入会员（代表）大会或理事会决策事项中，一经确定，应由社会组织在适当范围内予以公布，接受民主监督。应根据薪酬管理制度编制工资总额预算，并严格按工资总额预算执行，不得超提、超发薪酬。

社会组织应建立工资台账，支付工资时应提供工资清单。工资台账须至少保存两年。

退（离）休领导干部在社会组织兼职期间，其薪酬问题按照《中共中央组织部关于规范退（离）休领导干部在社会团体兼职问题的通知》（中组发〔2014〕11号）规定执行。

五、逐步建立薪酬水平正常增长机制

社会组织应根据所处业务领域的整体薪酬水平，参考住所地人力资源社会保障部门发布的工资指导价位和工资指导线，以及行业薪酬调查报告发布的劳动力市场指导价位，就工资收入水平和调整幅度等事项，与从业人员进行平等协商，并在协商一致的基础上签订工资协议，确保从业人员薪酬水平与经济发展水平相协调、与劳动生产率提高相适应。

六、不断完善社保公积金缴存机制

社会保险和住房公积金按照国家有关法律法规执行，有条件的社会组织可建立企业年金及其他补充保险。

社会组织应依法为从业人员缴存社会保险和住房公积金。社会保险和住房公积金应由个人承担的部分，由用人单位代扣代缴；应由用人单位承担的部分，应及时申报缴纳。社会保险和住房公积金缴费基数按有关法律法规执行。

七、切实加强薪酬管理工作的组织领导

各级登记管理机关要高度重视，切实引导和督促社会组织做好薪酬管理工作，将其作为加强社会组织内部管理和人才队伍建设的重要举措，列入日常管理的重要日程。

社会组织要厉行节约反对浪费，切实履行职责，加强制度建设，严格按预算支出经费。要加强对财务人员的管理，提高财务人员工作能力，依照民间非营利组织会计制度要求，建立规范的财务管理制度，使资金和资源得到有效合理利用。要挖掘潜力，拓宽合法收入来源，不断提高社会组织从业人员的薪酬水平。要大力弘扬奉献精神，建立健全社会组织从业人员荣誉激励机制，进一步激发社会组织从业人员的工作热情。鼓励社会力量捐助社会组织人工成本。

各级民政部门要结合实际，重点指导本级社会组织做好薪酬管理和服务工作。

后　记

衷心感谢清华大学社会科学学院、民政部政策研究中心对我从事社会政策研究的大力支持，特别要感谢清华大学合作导师、清华大学"一带一路"战略研究院院长史志钦教授的鼎力支持，让我领略了清华深厚的人文底蕴和严谨的学术精神，感谢政策研究中心王杰秀主任等各位同事的帮助，让我认识了民政政策丰富广阔的民生内涵。这一程，由衷地感谢关心、支持与帮助我的挚友们，是你们的鼓励，让我有勇气战胜了北漂人生之困！

"四十、五十而无闻焉，斯亦不足畏也已。"我已过了不惑之年，还是无闻状态，深深知道"治国平天下"已成为人生的遥远梦想，也更加清楚自己为什么而研究。"士不可以不弘毅，任重而道远。"耳濡革命先烈牢记使命的担当，目染先辈不忘初心的情怀，激励我永远要做一个对社会有用之人，作为深化改革时代的研究者和实践者，从社会组织成员到亲历社会组织的组建、创始与运行，切身感受社会组织对社会的美好贡献，因此，更加乐意去探究缤纷多彩的社会组织背后的规律。

社会组织人才服务体系建设是国家治理现代化的重要组成部分，更是社会发展对社会治理能力现代化的要求，关乎社会经济

发展进入新时代的新理论和新实践。今年，喜迎我国改革开放
40 周年，面对社会结构的不断变化和经济全球化的持续深入，
社会组织已成为一个具有代表性的系统，在社会治理中发挥重要
作用，是社会治理的重要主体之一。社会组织人才是社会组织可
持续发展的第一资源，从社会组织人才内外部动力、社会组织人
才能力、社会组织人才队伍建设、社会组织人才大数据等多维空
间建立社会组织人才服务体系、提出政策建议和政策路径是新时
代社会发展的迫切需要，是实现中华民族伟大复兴中国梦的建设
需要。

　　本书以我在清华大学社会科学学院的博士后研究工作报告为
基础并进行了充实完善，社会组织人才服务体系建设是一项复杂
的系统工程，涉及面广，本书研究还不足以形成中国特色的社会
组织人才服务理论体系，唯愿能为更加有活力的社会发展和更加
美好的社会氛围贡献绵薄之力。在此，十分感谢于飞博士、祁中
山博士、陈雷博士提供文章修改和资料支持；十分感谢社会科学
文献出版社恽微、王婧怡、陈欣等对本书出版提供的帮助！

郭金来

2018 年 3 月

图书在版编目（CIP）数据

中国社会组织人才服务体系建设研究／郭金来著
. －－北京：社会科学文献出版社，2018.3
ISBN 978 - 7 - 5201 - 2501 - 7

①中… Ⅱ.①郭… Ⅲ.①社会团体 - 人才培养 -
研究 - 中国 Ⅳ.①C232

中国版本图书馆 CIP 数据核字（2018）第 054854 号

中国社会组织人才服务体系建设研究

著　　者／郭金来

出 版 人／谢寿光
项目统筹／恽　薇　王婧怡
责任编辑／陈　欣

出　　版／社会科学文献出版社·经济与管理分社（010）59367226
　　　　　地址：北京市北三环中路甲29号院华龙大厦　邮编：100029
　　　　　网址：www.ssap.com.cn
发　　行／市场营销中心（010）59367081　59367018
印　　装／北京季蜂印刷有限公司

规　　格／开 本：787mm×1092mm　1/16
　　　　　印 张：11　字 数：128千字
版　　次／2018年3月第1版　2018年3月第1次印刷
书　　号／ISBN 978 - 7 - 5201 - 2501 - 7
定　　价／59.00元